FRATERNITÉS

DU MÊME AUTEUR

Essais

Analyse économique de la vie politique, PUF, 1972.
Modèles politiques, PUF, 1973.
L'Anti-Économique (en collaboration avec Marc Guillaume), PUF, 1974.
La Parole et l'Outil, PUF, 1975.
Bruits : essai sur l'économie politique de la musique, PUF, 1976.
La Nouvelle Économie française, Flammarion, 1977.
L'Ordre cannibale : essai sur l'économie politique de la médecine, Grasset, 1979.
Les Trois Mondes, Fayard, 1981.
Histoire du temps, Fayard, 1982.
La Figure de Fraser, Fayard, 1984.
Au Propre et au figuré, Fayard, 1988.
Lignes d'horizon, Fayard, 1990.
1492, Fayard, 1991.
Europe(s), Fayard, 1994.
Économie de l'Apocalypse, Fayard, 1995.
Chemins de sagesse : traité du labyrinthe, Fayard, 1996.
Mémoire de sabliers, les éditions de l'Amateur, 1997.
Dictionnaire du XXIe siècle, Fayard, 1997.

Biographie

Un homme d'influence, Fayard, 1985.

Romans

La Vie éternelle, roman, Fayard, 1989.
Le Premier Jour après moi, Fayard, 1990.
Il viendra, Fayard, 1994.
Manuel, l'Enfant-rêve (illustrations de Philippe Druillet), Stock, 1995.
Au-delà de nulle part, Fayard, 1997.
La Femme du menteur, Fayard, 1999.

Mémoires

Verbatim I, Fayard, 1993.
Verbatim II, Fayard, 1995.
Verbatim III, Fayard, 1995.

Théâtre

Les Portes du Ciel, Fayard, 1998.

Rapport

Pour un modèle européen d'enseignement supérieur (Rapport de la Commission présidée par J. Attali), Stock, 1997.

Jacques Attali

Fraternités

Une nouvelle utopie

Fayard

« *Quand la passion emporte l'homme, la raison le suit en pleurant et en l'avertissant du danger ; mais, dès que l'homme s'est arrêté à la voix de la raison, dès qu'il s'est dit : c'est vrai, je suis fou, où allais-je ?, la passion lui crie : et moi, je vais donc mourir ? »*

ALFRED DE MUSSET,
La Confession d'un enfant du siècle[1].

_____

1. Toutes les autres citations placées en exergues sont extraites de ce même ouvrage.

Ils revinrent après avoir fait cinq fois le tour d'Epsilon Indi en passant derrière Sirius, puis à travers les volutes d'antimatière détectées par les calculs de Kuiper. Plus d'un demi-siècle de voyage ; cinquante-trois ans, six mois et trois jours exactement. Un mois après leur départ, on leur avait proposé d'entrer en hibernation virtuelle, dans une sorte de reflux mental du temps. Peu s'y étaient risqués : la technique ne semblait pas au point, tandis que le travail à bord était passionnant, la vie confortable, les enjeux exceptionnels. Le premier voyage humain de longue durée au-delà du système solaire ! Avec, au bout, cette mission exaltante, récupérer les immenses réserves d'oxygène et d'ozone que contenait l'étoile, essentielles à la survie de l'espèce humaine menacée d'asphyxie.

Peu de chose à dire de ces années. Vingt-deux morts, dont six virtuellement hibernés, trois chocs de météorites, une erreur d'orienta-tion qui leur avait fait perdre quatre mois dans le labyrinthe de comètes aux abords de Vulcain. Rien de bien important. Tous âgés de moins de trente ans au départ, les cent soixante-six survi-vants revenaient octogénaires et fatigués, même ceux qui avaient usé des régénérateurs cellu-laires. Cinquante-trois enfants étaient nés, et, malgré les interdits qui leur avaient été signi-fiés, plusieurs s'étaient fait cloner en utilisant les installations prévues pour le renouvellement des réserves d'organes.

Ils rapportaient une bonne nouvelle : on pouvait sans trop de difficulté s'approprier les gaz respirables d'Epsilon Indi.

Mais cette bonne nouvelle, y aurait-il encore quelqu'un pour l'entendre ?

Quand les drones d'avant-garde signalèrent le franchissement de l'orbite de Mars et l'appari-tion de la Terre sur les écrans virtuels implantés dans leurs cerveaux, tomba sur l'équipage un lourd silence entrecoupé de sanglots et de quelques fous rires. Puis des applaudissements éclatèrent quand ils distinguèrent les halos de lumière autour des villes : la Terre était bien là, et la vie avec elle. De cela, ils avaient pu douter depuis cinquante et un ans.

Deux ans après leur départ, tout contact avait été rompu avec leur base, puis avec l'ensemble des émetteurs terrestres. Rien, plus personne n'avait donné signe de vie. Aucun des drones veilleurs, pas un seul des transpondeurs, aucun des canaux les plus secrets n'avait répondu. Comme si la Terre s'était évanouie, asphyxiée, noyée, anéantie. Rien ne pouvait expliquer ce silence, sinon le pire. Les hommes, là-bas, avaient dû commettre l'irréparable. La *guerre finale* (c'était le nom que certains donnaient au conflit qui menaçait entre les deux Alliances) ne pouvait que s'être déclenchée.

Beaucoup, parmi l'équipage, avaient proposé de faire demi-tour : cette mission devenait grotesque s'il n'y avait plus personne à qui en rendre compte. Et à quoi bon ramener de l'oxygène si toute vie avait disparu ? D'aucuns suggérèrent d'aller s'installer sur une des bases spatiales en orbite, relais automatisés des travailleurs de l'espace. Et, là, d'attendre.

Après de longues discussions, le commandant avait imposé sa décision : continuer quoi qu'il arrivât, accomplir tout le voyage. Ce qu'ils firent sans que rien ne vînt rompre le silence. Au bout de dix ans, ils avaient renoncé à comprendre.

Plusieurs avaient failli devenir fous de solitude et de peur. D'énigmes demeurées sans réponse. La guerre finale, après s'être déclenchée, avait-elle anéanti leurs familles, leur pays, l'humanité entière ? ou bien s'agissait-il seulement d'une de ces pannes de réseaux comme on en avait déjà connues au moment de la Grande Peste blanche, lorsque des virus bioartificiels s'étaient attaqués aux mémoires des ordinateurs ?

Et puis, voilà : la Terre était en vue. Ils pouvaient même discerner, grâce à leurs projecteurs mentaux, les lumières clignotantes des bateaux à quai dans les rades. Nul, pourtant, ne répondait à leurs appels. Un mystère de plus.

Le commandant décida qu'il irait en avant-garde avec six de ses lieutenants à bord d'une nacelle de combat alimentée par l'hydrogène du vent solaire, et qu'ils se poseraient le 18 novembre 2106 aux États-Unis.

Ou plutôt dans ce qu'ils croyaient être les États-Unis d'Amérique. Car, depuis le 7 août 2053, date de leur départ, tout avait bien changé sur la planète Terre.

Ils avaient laissé derrière eux un monde sombre et pessimiste, menacé par un conflit entre l'Alliance euro-atlantique et l'Alliance sino-musulmane pour le contrôle des réserves d'eau de la Sibérie. Au sein de chaque Alliance, les armées se préparaient. On murmurait que des armes terrifiantes allaient être expérimentées par l'un et l'autre camps, et que, selon toute probabilité, deux des neuf milliards d'habitants du globe y laisseraient la vie. Dans certains pays, des bandes de mendiants illuminés, au service de seigneurs de la guerre ou de maîtres de justice, ravageaient les villes, tenaient les routes et annonçaient la fin du monde.

Un désordre grandissant avait gagné l'Occident quand s'y était déclenchée une épidémie d'un type inconnu que certains imputèrent au mystérieux passage d'un virus bioartificiel de la machine à l'homme.

Dans ce chaos, l'expédition vers Sirius avait d'ailleurs été conçue par les dirigeants de l'Alliance euro-atlantique comme une opération de propagande destinée à glorifier leur toute-puissance aux yeux du reste de la planète.

Cinquante-trois ans plus tard, c'est un monde totalement différent qui attendait les voyageurs. Une fois réinitialisés, au sortir de leur nacelle, les membres de l'avant-garde furent accueillis par les treize personnages composant le gouvernement mondial créé vingt-trois ans plus tôt, en 2083, pour gérer le patrimoine de l'humanité et faire respecter la Constitution universelle.

Le monde était entré dans une période de paix, de progrès économique et d'épanouissement artistique, un âge d'or comme il n'en avait encore jamais connu. C'était comme si les plus grands espoirs de la science et de la culture s'étaient concrétisés, comme si toutes les inquiétudes géopolitiques et écologiques s'étaient dissipées ou éloignées. Comme si tous les peuples, ayant frôlé le suicide collectif, avaient décidé unanimement de réagir en revoyant de fond en comble leur organisation.

Mais, pour en arriver là, il avait fallu bien des péripéties et des peurs. On les leur raconta.

Les voyageurs reçurent d'abord les excuses des nouveaux dirigeants : juste après leur départ, la tension entre les deux Alliances était devenue si forte, la crainte des trahisons si obsédante que les uns et les autres, redoutant de voir des virus bioartificiels issus de machines contaminer leurs populations à travers les réseaux, avaient modifié à plusieurs reprises leurs codes de communication tout en négligeant de prévenir les voyageurs.

Ils avaient pensé à tout, sauf à cette hypothèse : on les avait oubliés.

Puis, au moment où la tension était devenue extrême, trois ans après leur départ, quelque chose d'étrange, une sorte de vague mystique s'était déclenchée. La menace de destruction de l'humanité avait eu raison de l'affrontement des deux Alliances, la croissance économique et les bouleversements technologiques avaient réorienté les ambitions : on venait notamment de trouver comment employer les nanotechnologies à la fabrication illimitée des corps simples (y compris l'oxygène, ce qui, soit dit en passant, rendait leur mission complètement inutile — « merci beaucoup, vous recevrez une médaille ! »).

Les nations ne raisonnèrent bientôt plus en termes d'alliances militaires, mais se réorganisèrent en grands ensembles continentaux : d'abord de vastes marchés économiques, puis des entités politiques démocratiques et tolérantes.

Les États-Unis méritaient maintenant leur nom et recouvraient la totalité des deux Amériques, avec pour double capitale Washington et Lima. L'Europe, puissance politique unie, regroupant sous un gouvernement commun quarante-cinq pays, s'étendait de l'Irlande à la Russie. En réussissant enfin à se rassembler, l'Afrique, utilisant ses formidables ressources naturelles, était entrée dans une période de croissance si forte que nombre des descendants d'Africains émigrés au fil des siècles précédents en Europe et aux Amériques étaient revenus au pays de leurs ancêtres. L'Asie s'était elle aussi regroupée progressivement en trois entités politiques : l'une autour de Jérusalem, devenue capitale d'un vaste marché commun rassemblant tous les pays du Moyen-Orient ; l'autre autour de l'Inde, avec sa capitale à Agra ; la troisième autour de la Chine et du Japon, dont la capitale avait été placée à Séoul.

Les deux Unions (l'une euro-atlantique, soutenue par son alliée africaine ; l'autre regroupant les trois Asies, qu'on appelait aussi le « Triple Ensemble ») n'étaient plus qu'en rivalité culturelle et économique, chacune appuyée sur une monnaie de réserve, l'euro-dollar face au yuan.

Naturellement, nombre de cités-États et de seigneurs de la guerre restaient dans l'ignorance de toute discipline, à l'écart de toute vassalité envers l'une ou l'autre des Unions.

L'essentiel des richesses s'était concentré dans quelques ports où les rêveurs d'aventures venaient mener la vie la plus exaltante : Singapour, PuDong, Bombay, Barcelone, Amsterdam, New York étaient les « cœurs » du monde.

On s'était peu à peu habitué à la présence de « clonimages », sortes de clones virtuels préposés à quantité de tâches et communiquant avec de très nombreux objets devenus intelligents.

On vivait de plus en plus vieux ; le clonage humain commençait à donner des résultats satisfaisants, y compris pour le transfert de souvenirs.

Occupée à distraire et à fournir des sensations de plus en plus fortes, la presse avait été pour l'essentiel absorbée, comme les entreprises de divertissement, par les producteurs de mémoire virtuelle et de cerveaux synthétiques. Vers 2080, personne ou presque ne dénonçait plus la formidable concentration de richesses et de pouvoirs : cinq groupes financiers contrôlaient plus de la moitié du capital mondial, et une part importante du reste appartenait aux trafiquants d'organes, de clones et de cerveaux virtuels. Cinq milliards de Terriens avaient à peine de quoi survivre.

Une nouvelle classe privilégiée s'était formée, rassemblant, sans souci de nationalité, entrepreneurs en banques de données, manipulateurs de gènes, producteurs de chimères, organisateurs de réseaux, animateurs d'espaces de plaisir et de réseaux de connexion cérébrale. Ces gens-là ne s'intéressaient qu'à leur propre destin, déconnectés du reste de l'humanité. Ils n'admettaient aucune obédience, si ce n'est celles des « confréries de plaisir », nouvelle noblesse d'argent et de notoriété, secte marchande et réseau d'influence. Lorsque leur

17

ego dérivait en altruisme, ils rêvaient à la meilleure façon de mettre leurs immenses fortunes au service de l'humanité, de changer un monde où ils ne voyaient plus rien d'autre à conquérir qu'un surcroît de considération et de gratitude.

Certains en vinrent à penser que cette sorte de féodalisme technologique ne pourrait durer ; ils proposèrent de réduire les libertés pour réduire les injustices. Quelques illuminés expliquèrent même que chacun se porterait mieux s'il aidait les autres à être heureux ; bref, que le vrai bonheur consistait à faire plaisir. Ils appelaient ça « Fraternité ». On leur rit au nez. Le pouvoir ne se conquiert ni ne se conserve avec de bons sentiments.

Puis — quelque vingt-cinq ans avant le retour des voyageurs —, des récits utopiques se mirent à circuler. On discuta de plus en plus sérieusement de projets d'un monde « fraternel » où chacun recevrait de la considération et se réjouirait de la réussite d'autrui, où l'hospitalité serait la première des valeurs, où l'on pourrait protéger et promouvoir à la fois liberté et égalité, jusque-là antagoniques. On réalisa que chacun se porterait mieux si les autres étaient bien portants ; que chacun aurait tout à gagner au bonheur des autres, et que cela permettrait même de résoudre le problème lancinant du chômage en justifiant de rémunérer tous les inactifs pour les inciter à se former.

Autour de la « Fraternité », devenue le maître mot de l'ordre espéré, avaient alors fleuri des manifestes, des constitutions, des programmes que beaucoup, jusque dans l'élite dirigeante, commencèrent à prendre au sérieux. Certains parmi les plus riches entreprirent de financer journaux, mouvements politiques, expériences utopiques sur des régions entières.

Des pamphlets révolutionnaires se répandirent sur tous les réseaux. Des rebelles apparurent ; certains des meilleurs experts en nanotechnologies et biotechnologies se mirent à leur service. Profitant d'émeutes de la faim coordonnées par quelques « écologistes fraternels », les meneurs parvinrent à lancer ce qu'ils appelèrent une « grande révolution mondiale » qui brisa même un moment tous les réseaux de pouvoir. Les dettes furent annulées. Les riches se retrouvèrent coupés de leurs bases ; leurs comptes furent vidés. Seuls ceux d'entre eux qui avaient été assez prudents pour rester discrets, qui n'avaient pas exhibé leurs palais dans les magazines (dont les révolutionnaires s'étaient servis pour dresser la liste de leurs cibles), réussirent à échapper à la furie des peuples. Une fois de plus, le désir de paraître, plus que l'exercice du pouvoir, avait perdu les plus fortunés.

Tout se déroula d'abord comme dans les révolutions des temps anciens : outrances, caricatures, bavures, boucs émissaires, cultes nouveaux, grands hommes, guerres saintes, prisons, spoliations, dictatures de transition, le pire pour créer le meilleur, toutes ces vieilles histoires... On institua même des religions neuves autour d'idoles nouvelles. La Fraternité devint le prétexte d'un culte voué à quelques-uns des fondateurs de la théorie, morts depuis belle lurette et qui, naturellement, n'avaient rien voulu de ce qu'on faisait en leur nom.

Au bout d'un certain temps, on se lassa de la Terreur fraternelle. On ouvrit les prisons, on se débarrassa des dictateurs, on oublia les cultes et les maîtres à penser. Une nouvelle génération artistique et technicienne, issue pour l'essentiel des masses les plus pauvres, prit le pouvoir et réorganisa le monde selon les principes de la Fraternité.

On vit s'installer une société ouverte, généreuse, respectueuse des différences que chacun se plaisait à cultiver pour le plaisir de tous.

C'est alors que s'en revinrent nos voyageurs.

Le gouvernement mondial qui les accueillit venait d'être élu pour cinq ans par vote électronique. Il avait désormais pour tâche d'organiser une démocratie tout entière tournée vers le respect de la personne humaine, la protection des libertés et des droits. Mission d'autant plus ardue que, depuis le départ des astronautes, la liste de ces droits s'était singulièrement allongée. On y avait ajouté le droit au savoir, au logement, à l'enfance, au travail créatif, à la considération, au respect, aux mariages multiples et simultanés, hétéro- ou homo-sexuels, à la dignité dans la mort, à la non-violence. Et, par-dessus tout, les droits et devoirs de Fraternité dont toutes les formes avaient été soigneusement prévues et réperto-riées, de l'hospitalité à la connivence.

Le gouvernement disposait, pour ce faire, de ressources fiscales planétaires, votées par un parlement des Nations Unies, lui permettant de garantir à chacun les moyens de vivre, de se former et de se soigner pendant cent cinquante ans, âge limite autorisé. La faim et la misère étaient mises universellement hors la loi. Une Banque centrale unique contrôlait l'usage de l'unique monnaie mondiale. Pour interdire toute violence et veiller au respect de tous ces droits, des gouvernements continentaux, nationaux et surtout municipaux servaient de relais à l'exé-cutif mondial. L'interdiction de la vente de toute arme, y compris de poing ou de chasse, était assurée et contrôlée par une police, une justice et une réglementation planétaires.

Après un moment de flottement pendant lequel les grandes entreprises avaient craint de tout perdre du fait de l'abolition de la rareté par les nanotechnologies, le marché avait réussi à retrouver ses marques en ne vendant plus des objets, mais seulement leur usage temporaire. L'essentiel des dépenses privées était consacré à apprendre, créer, protéger les différences. Le travail n'était plus la forme principale d'usage du temps ni même de création de richesses ; le premier actif des individus et des organisations n'était plus le capital, mais le savoir. Le chômage avait disparu, chacun étant assuré de recevoir un revenu pour se former s'il ne trouvait pas un emploi à sa mesure.

La génétique fit le reste lorsqu'elle permit d'isoler et de neutraliser, sans attenter aux libertés, les gènes liés à la violence, à l'envie, à la jalousie et à la haine de soi, et de favoriser l'expression de la créativité, de la générosité, de l'altruisme...

Ainsi pourrait débuter la description d'une société idéale à venir, le récit d'une prochaine utopie. Beaucoup auront du mal à la prendre au sérieux. Trop d'illusions naïves, penseront-ils.

Le monde ne sera jamais qu'un mélange contra-
dictoire de Bien et de Mal, et il ne ressemblera
jamais à quelque société idéale que ce soit.

Pourtant, l'accumulation des injustices et des
moyens de destruction ne peut se poursuivre au
rythme actuel. Si tel était le cas, par exemple,
vingt personnes posséderaient d'ici un siècle les
trois cinquièmes du patrimoine de l'humanité.

Quelque chose de radical viendra inverser le
cours de l'Histoire ; quelque chose comme une
révolution planétaire, pacifique ou violente,
explicite ou implicite, politique ou d'ordre
culturel. Et si ce n'est pas en 2083, comme dans
le récit ci-dessus, ce sera cinquante ans, ou un
siècle, ou deux siècles plus tard. Pour le meilleur ou pour le pire.

Aussi longtemps qu'elle paraîtra irréaliste
aux puissants, cette mutation radicale sera affu-
blée du terme dédaigneux d'« utopie ». Dès
qu'elle sera portée par des forces sociales
encore minoritaires, elle deviendra un « projet
révolutionnaire ». Enfin, si elle vient à se
réaliser, elle deviendra « projet de société »,
puis programme de gouvernement. Même les
utopies s'embourgeoisent...

Mon pronostic est que les prochaines utopies
ne se contenteront pas de l'actuelle apologie de
la Liberté, ni de celle de l'Égalité ; mais
qu'elles tourneront pour l'essentiel autour de ce

que l'on pourrait appeler la *Fraternité*. Non pas comme la proposition naïve d'un nouvel ordre social, non violent et solidaire, magiquement idéalisé. Plutôt comme un système institutionnel cohérent, rationnellement nécessaire, fondé sur de nouveaux droits et capable de régler des problèmes très concrets, tels ceux du chômage, de la dégradation de l'environnement et de la misère morale.

De cette utopie à venir, nous pourrions, si nous le voulions, entendre d'ores et déjà les premières rumeurs. Comme la nuit n'est jamais plus profonde qu'à la minute qui précède le lever du jour, l'utopie n'a jamais été plus près de resurgir qu'au plus profond de son discrédit. L'utopie est toujours une affaire d'aube, de lève-tôt ou de rêveurs éveillés !

Elle émerge dans l'Histoire quand s'installe, comme une évidence insultée, le sentiment qu'une civilisation est en train de mourir et qu'une autre pourrait surgir du brouillard, en marche vers sa propre perfection.

Je ne souhaite évidemment pas qu'un prophète se dresse pour annoncer la Bonne Nouvelle, rassembler des foules de fidèles et massacrer, au nom de la Fraternité — ou d'autres utopies —, ceux qui refuseront de le suivre. Cela ne s'est déjà que trop vu.

Mais que chacun de nous ait le courage de chercher une réponse à quelques questions simples comme : faut-il se contenter du monde comme il est et de l'Histoire comme elle vient ? qu'est-ce qui empêche d'exister une société fraternelle, tolérante pour tous les êtres vivants ? qu'est-ce qui nous prive enfin d'une réponse à la mère de toutes les questions : *Êtes-vous heureux ?*

CHAPITRE PREMIER

La ruée vers l'or

« *Vous promènerez vos regards sur votre horizon immense où il n'y aura pas un épi plus haut que l'autre dans la moisson humaine, mais seulement des bluets et des marguerites au milieu des blés jaunissants.* »

L'époque n'est pas à la longue durée, aux projets indéfiniment réfléchis, mais à l'inattendu, au flambant neuf, au réversible, au capricieux, à l'immédiat, au précaire, à l'individualisme égoïste, voire au cynisme autiste.

Moi, Tout, Partout, Tout de suite. — Tel est l'art du temps.

Moi, parce qu'on ne veut plus vivre que pour soi, sans souci de dépendances ou de devoirs à l'égard des générations présentes, passées ou futures.

Tout, parce qu'on ne veut plus choisir entre des désirs contradictoires et qu'on ne voit pas de raisons de ne pas les satisfaire tous, ensemble ou successivement. Le *et* l'emporte sur le *ou*.

Partout, parce que les plaisirs sont de plus en plus nomades : voyager, se distraire, vivre sans frontières, en ne possédant rien d'autre que des choses transportables, et d'abord du capital, objet nomade par excellence.

Tout de suite, parce qu'attendre, faire un effort, épargner, transmettre deviennent des mots obscènes.

Cette idéologie a aujourd'hui les faveurs de l'élite occidentale et de tous ceux qui, ailleurs, de New Delhi à Pékin, de Santiago à Moscou, croient trouver leur bonheur en l'imitant. Aussi longtemps qu'elle dominera, aucune nation, aucun groupe social n'aura d'autre projet utopique que de prendre place à son tour dans la mondialisation des marchés, cette juxtaposition de nomades plus ou moins riches, libres et conquérants. Et pour mener à bien ces aventures, surgissent des découvreurs d'un autre nouveau monde, chercheurs d'or de l'avenir. À cet égard, rien de neuf sous le soleil : lorsque s'annonce un nouvel Eldorado se profilent de nouveaux Colomb.

La mondialisation nomade

Voici que s'installe un capitalisme mondialisé, en croissance infinie, sans chômage ni inflation, ouvrant à tous des opportunités illimitées.

Les nouvelles technologies de l'information promettent des progrès encore considérables dans les capacités de stockage et de transmission des informations, conduisant à la mise sur le marché d'objets nomades de plus en plus miniaturisés, combinaisons variées de la télévision, de l'ordinateur et du téléphone pour communiquer, consommer, travailler, se former, se distraire, se déplacer, se soigner... On pourra même y avoir accès non plus en observant un écran plat, mais en s'immergeant dans un univers virtuel à trois dimensions, réalité virtuelle augmentée, transposée.

Pour ceux qui vivront dans ce monde, le travail sera de moins en moins l'occasion d'un effort, mais se confondra progressivement avec le jeu, voire avec la création. Il sera possible d'élire domicile indépendamment d'un lieu de travail, de consommation ou de distraction.

Dans les pays les plus développés, on passera d'une économie du salaire à une économie du patrimoine où chacun, travailleur nomade et non plus employé fixe, gagnera l'essentiel de ses revenus grâce aux plus-values d'un portefeuille de titres des entreprises pour lesquelles il travaille, et non plus à un salaire.

Dans les secteurs de base (pétrole, automobile, finance, assurance, sidérurgie, pharmacie, papier), il ne subsistera plus que quatre ou cinq entreprises mondiales, beaucoup plus vastes que les toutes premières firmes d'aujourd'hui, appartenant à des actionnaires répartis sur l'ensemble du globe et regroupés en fonds de pensions planétaires.

La diversité marchande

En dépit des idées reçues, la mondialisation ne s'accompagnera pas d'une uniformisation. On passera au contraire de la *globalisation du marché* à un *pluralisme de marché*. Même mondiales, les firmes diversifieront leurs produits au gré de la culture de leurs clients et, dans certains cas, camoufleront même leur universalité derrière des confédérations d'entreprises locales, créant sans cesse de nouvelles diversités en métissant cultures et attentes.

Ces diversités marchandes sont déjà là. Par exemple, dans les langues, la musique, la cuisine. Contrairement à ce qu'il était de bon ton d'annoncer il y a peu encore, l'anglais est loin de s'imposer dans le travail et la distraction[1] ; un jour, les progrès de la traduction automatique rendront même vie à toutes les langues aujourd'hui moribondes. En musique, loin

---

1. En fait, chacun se fabrique un espéranto personnel à base de mots majoritairement anglais, mais altérés et enrichis par des apports et des greffes des cultures locales, professionnelles, techniques, etc. Ce que le « petit nègre » fut au français à l'époque où la France était puissance impériale.

d'aller vers une uniformisation américaine, on assiste à l'invention de nouveaux genres par mélange de rythmes, de mélodies, d'instruments, de paroles d'origines culturelles différentes. En cuisine, l'évolution est identique et se manifeste par une sorte de nomadisme virtuel où chacun voyage en consommant la cuisine des autres et en mêlant recettes, ingrédients, saveurs de tous les continents. S'il y a un plat universel, ce n'est pas le hamburger, mais bien la pizza, justement parce qu'elle se limite à une base commune — la pâte — sur laquelle chacun peut disposer, agencer et exprimer sa différence.

L'extension du marché

Tout se passe comme si le marché était un être vivant, décidé à ne pas accepter les limites qu'on lui fixe, que ce soit dans l'espace ou dans la variété des objets et services qui s'y échangent.

Aucun pays ne lui résistera, pas plus l'Iran que la Chine. Aucune entreprise familiale ou publique non plus. On passera d'une propriété immobile, sédentaire, opaque, familiale ou bureaucratique, à une propriété disponible à tous sur un marché, libre, transparente, nomade.

De très nombreux biens et services aujour-d'hui négociés individuellement, de gré à gré, deviendront accessibles sur un marché. Par exemple, au lieu d'acheter une maison à son propriétaire, on acquerra des titres hypothé-caires ; au lieu de s'assurer contre des risques en acquittant une prime, on achètera des titres représentant la valeur attendue en cas de dégâts ; au lieu d'emprunter pour payer ses études, l'étudiant émettra sur le marché un titre correspondant à ses espoirs de gain futur.

On verra, on voit déjà des pays sous-traiter à des entreprises privées la collecte de leurs impôts ou de leurs droits de douane. Si l'OMC va au bout de la libéralisation générale qu'elle projette, des entreprises vendront un jour des services de justice privée, d'abord proposés à d'autres entreprises, puis aux particuliers, en leur promettant d'arbitrer leurs différends plus vite et moins cher que ne le font les appareils judiciaires d'État. Ultérieurement — mais le mercenariat et le janissariat ont déjà derrière eux une histoire aussi vieille que celle des sociétés humaines —, le marché accueillera même des armées privées qui mèneront des guerres privées débouchant sur des traités privés. Si le processus se développe, certains pays n'auront même plus aucune raison — c'est d'ailleurs déjà le cas çà et là — de conserver une monnaie nationale. D'autres trouveront opportun et sensé de vendre leurs passeports aux enchères ou de les faire coter en Bourse, à côté des organes et des gènes.

Réciproquement, des entités privées se doteront de tous les attributs de la souveraineté (une monnaie, un système judiciaire et policier, une armée privée) pour défendre un territoire, une ville ou une entreprise. De telles organisations se mettent déjà en place au service des grandes structures criminelles ; elles concerneront un jour des entreprises légales, qui ne rendront plus de comptes à aucun pouvoir national ou autre. Déjà s'amorcent la création et la mise en circulation de monnaies privées.

Blanc et noir

Avec la généralisation des marchés, les économies illégales et criminelles s'étendront à des secteurs nouveaux, envahiront l'univers virtuel et proposeront des services illicites à l'échelle planétaire avec beaucoup moins de risques qu'aujourd'hui : jeux, détournements de fonds, sexualité marchande, drogues, voyages virtuels passeront — passent déjà — par des modes de communication incontrôlables. Ces activités fructifieront et s'organiseront autour d'États qu'elles se seront appropriés dans les Caraïbes, en Amérique latine, en Afrique ou en Europe de l'Est, tout en s'intégrant de plus en plus intimement à l'économie légale par l'inter-médiaire de labyrinthes virtuels.

Pour maîtriser leur croissance, l'ultime recours des États consistera à légaliser la drogue, la prostitution ou le jeu, en laissant au marché le soin de décider du prix de ces biens et services et en obligeant les consommateurs à prendre leurs responsabilités et les assurances à pénaliser ceux qui prendront de tels risques.

Géopolitique de la globalisation

Cette probable généralisation du marché pourrait conduire à une toute nouvelle organi-sation géopolitique de la planète.

Affaiblissant considérablement les appareils d'État, réduisant leur aptitude à collecter l'impôt, elle devrait amener à la création de vastes ensembles continentaux économiquement intégrés, sur le modèle de l'Alliance pour le libre-échange nord-américain (ALENA).

Si ce scénario va à son terme, la toute-puis-sance des États-Unis ne pourra plus être contestée. On y verra le laboratoire de toutes les innovations, la pointe avancée de toutes les ruées vers l'or, une sorte de société idéale dont chacun voudra reproduire les règles et les réussites. Ils assureront le gouvernement mondial du marché par l'extraterritorialité de leurs propres lois, par la force de leurs entreprises et de leurs technologies de communication, et par l'intermédiaire d'institutions financières internationales qu'ils contrôlent déjà. Chacun n'aura qu'une peur : celle d'un retrait américain abandonnant le reste de la planète à ses démons moyenâgeux.

La science pour le marché

L'Histoire enseigne qu'une phase de forte croissance se déclenche quand des progrès scientifiques réussissent à satisfaire des demandes nouvelles du marché. C'est encore le cas aujourd'hui : la mondialisation des marchés appelle et se renforce des révolutions scientifiques.

Les nouvelles technologies de l'information ont déjà simplifié le mouvement de la monnaie, des marchandises, des personnes. Grâce au progrès technique, elles vont permettre d'augmenter très considérablement la productivité du travail, de transformer en objets marchands un très grand nombre de services et de satisfaire un appétit général croissant d'individualisme et de distraction.

En un siècle, la science et le marché, se nourrissant l'un l'autre, transformeront les modes de vie bien plus qu'ils ne l'ont fait en un millénaire. Bien des choses aujourd'hui inimaginables, telles que la transmission de pensées, la matérialisation des fantasmes, la communication en trois dimensions, la reproduction de sensations liées au toucher et à l'odorat, deviendront scientifiquement possibles, puis seront commercialisées. La connaissance intime du cerveau permettra de réduire la douleur, de maîtriser des émotions, de promouvoir le plaisir. On fera de tout cela des prothèses de vie et de savoir. On utilisera des clones virtuels dotés du toucher pour les travaux pénibles, comme compagnons de jeu ou de vie.

Mais c'est surtout la génétique qui entraînera les principaux bouleversements scientifiques, économiques et culturels.

Elle suscitera d'abord une formidable mutation dans le domaine de l'agriculture, qui deviendra ainsi une activité vraiment industrielle. Déjà, les technologies de l'information permettent de connaître et de cultiver chaque arpent de terre de façon spécifique, de suivre un produit agricole depuis son ensemencement jusqu'à l'assiette du consommateur, de s'assurer de la généalogie de chaque aliment. Bientôt, d'autres progrès transformeront les semences en produits industriels ; avant la seconde moitié du prochain siècle, elles deviendront plus résistantes aux herbicides et aux insectes ; elles pourront pousser sous des climats hostiles (plus chauds ou plus froids, avec moins d'eau, et même avec de l'eau salée) ; plus tard, on pourra modifier leurs couleurs, augmenter leur teneur en protéines ou en vitamines, y introduire des médicaments, des organismes capables de nettoyer l'environnement, des molécules actives de plantes médicinales, ou seulement le gène nécessaire à une mutation souhaitée, mélanger les gènes de plusieurs espèces végétales, voire d'espèces animales et végétales.

Ces techniques permettront de réduire la durée de maturation du coton ou du maïs, de faire ainsi plusieurs récoltes par an, de cultiver des produits de zone tempérée en climat tropical, d'exploiter des régions désertiques, de diminuer les pertes liées au transport et au stockage, de transformer les conditions de production de la pâte à papier, de mieux protéger les forêts, de restreindre l'usage des engrais et des pesticides, de ralentir l'érosion des sols, d'améliorer la quantité et la qualité de la nourriture disponible.

Les conséquences géopolitiques de ces progrès seront considérables : en réduisant les risques de pénurie d'eau et de nourriture, la science pourrait contribuer au désenclavement de l'Afrique, à l'équilibre agricole de la Chine, permettre de peupler le Sahara, l'Australie, la Sibérie, et même rendre possible et tolérable une forte croissance de la population de la planète. Elle permettrait par là une maîtrise ordonnée de la mondialisation.

Bien avant la fin du prochain siècle, la connaissance du génome humain transformera plus encore les rapports au corps, à la souffrance, et toute l'économie de la santé. Déjà, les sciences de l'information permettent d'envisager de fabriquer organes artificiels et prothèses. À terme, la génétique créera des médicaments radicalement différents, capables de bloquer ou d'activer protéines et gènes associés à une maladie. Il deviendra possible de vivre en moyenne bien au-delà d'un siècle, sans douleurs ni perte notable de capacités.

Ce n'est plus qu'une question de temps. La génomique a déjà identifié cinquante mille gènes humains et déterminé les fonctions de cinq mille d'entre eux. En 2020, elle aura identifié les protéines et les gènes de susceptibilité aux cinquante affections les plus graves. En 2040 en auront été déduits la plupart des médicaments associés.

On pourra, grâce à l'analyse du génome de l'embryon, connaître à l'avance la probabilité, pour une personne donnée, d'être atteinte un jour de certaines maladies, de devenir obèse, d'être atteinte d'un cancer du foie, d'une dépression ou de la maladie de Parkinson. En allant encore plus loin, on découvrira des gènes associés aux prédispositions à la violence, pour les éliminer, et à l'altruisme, pour les stimuler. Il sera possible, par le clonage, de préserver les espèces animales en voie de disparition, de reproduire des espèces meilleures que d'autres pour l'alimentation ou le loisir, et de constituer des réserves d'organes destinés aux greffes.

L'humanité pourra ainsi choisir, dans un futur encore hypothétique, dans quelle direction s'améliorer elle-même sur le plan physique, mais aussi éthique.

Beaucoup plus tard, les nanotechnologies, point de convergence de la génétique et des technologies de l'information, pourraient reproduire, à partir de matrices artificielles, un objet existant ou imaginaire. Tout pourra alors être produit à coût presque nul ; la rareté disparaîtra et, avec elle, la nécessité de la monnaie, du marché et de toute forme de contrainte collective.

Le marché aura ainsi créé les conditions de sa propre disparition.

CHAPITRE II

Le fin mot de l'Histoire

« *En sorte que les riches se disaient : il n'est de vrai que la richesse ; tout le reste est un rêve, jouissons et mourons ! Ceux d'une fortune médiocre se disaient : il n'y a de vrai que l'oubli ; tout le reste est un rêve ; oublions et mourons ! Et les pauvres se disaient : il n'y a de vrai que le malheur ; tout le reste est un rêve ; blasphémons et mourons !* »

Selon une thèse à la mode, la mondialisation du marché entraînera celle de la démocratie. De fait, l'Histoire nous apprend que l'un entretient l'autre : le marché a besoin de la démocratie pour s'installer, la démocratie a besoin du marché pour se développer ; l'un et l'autre sont renforcés par la transparence qu'imposent les nouveaux moyens de communication.

Depuis un siècle, le nombre des démocraties a augmenté dans des proportions considérables. Et les dernières dictatures en Occident sont tombées, emportées par les progrès de la société de consommation, d'abord en Espagne et en Grèce, puis en Amérique latine, ensuite quand la jeunesse d'Europe de l'Est a cessé d'avoir peur et a ouvert la voie à la fin du communisme. Quant au dernier dictateur européen au pouvoir, en Yougoslavie, il n'a plus d'autre choix que de se laisser mettre en prison ou d'y enfermer

durablement son peuple à qui l'Occident refu-
sera toute assistance aussi longtemps que lui-
même s'accrochera au pouvoir.

Ce sera, demain, au tour de la jeunesse des
pays d'islam d'y ébranler les totalitarismes.
Déjà, en Indonésie, les étudiants ont bousculé
une dictature, en Algérie la résistance héroïque
d'un peuple — et d'abord de ses femmes et de
ses filles — est en train de vaincre la folie extrémiste. C'est aussi ce qui se joue au cœur de la
principale théocratie musulmane, l'Iran. À
terme, du Maghreb à l'Iran, du Pakistan au
Bangladesh, de la Syrie à l'Irak, de l'Égypte à
l'Indonésie, le carcan intégriste ne résistera pas,
j'en suis convaincu, au désir de démocratie et
de consommation de la jeunesse d'islam.
Bientôt, tout un pan du monde s'ouvrira à la
modernité, une immense culture redeviendra
source de paix et contribuera aux progrès du
monde.

Dans moins de quinze ans, en Chine et en
Afrique, les progrès du marché pousseront aussi
les consommateurs à ne plus se contenter, en
politique, du choix unique auquel ils sont déjà
en train d'échapper en économie.

Certains en déduisent qu'une fois ainsi
enclenché le cercle vertueux de la libéralisation
économique et politique, le développement
atteindra un niveau tel que toutes les démocra-

ties de marché devraient s'auto-entretenir. Viendrait alors le moment où toute autre forme de gouvernement deviendrait aussi anachronique que le sont aujourd'hui les théocraties héréditaires ou les empires cannibales. La mondialisation des marchés aurait entraîné celle de la démocratie.

Pourtant, à mon sens, rien de tel, hélas, ne se passera : cette « fin de l'Histoire », comme celle qu'annonçait Hegel après la victoire de Napoléon à Iéna, n'aura pas lieu. D'une part, parce que la misère, le chômage, le sous-emploi des diplômés resteront longtemps encore les meilleurs alliés de l'obscurantisme et de la dictature. D'autre part, parce que la démocratie sera bousculée, écartelée, étouffée par la prolifération des marchés organisant la mondialisation à leur profit. À la dictature des tyrans succédera — succède déjà — celle du marché.

L'étouffement des démocraties

Le marché commence par *casser les frontières*. Pour fonctionner, il a besoin de s'étendre, d'organiser sa propre croissance, de s'ouvrir de nouveaux espaces ; alors que la démocratie, au contraire, doit défendre le territoire où elle s'applique. De plus, en bousculant les frontières, le marché oriente les ressources vers les pays où la fiscalité est la plus avantageuse, forçant les nations à choisir une politique économique conforme à ses exigences et à perdre le contrôle de leurs taux de change, de leurs recettes fiscales, de leurs balances commerciales et de leurs politiques sociales.

À terme, quand l'essentiel des grandes entreprises sera passé sous le contrôle de quelques groupes mondiaux, tout gouvernement perdra le droit de maintenir des services publics. Par exemple, il faudra traiter également les cliniques, les universités, les écoles, les producteurs de cinéma, les éditeurs, les réseaux de télévision, quelles que soient la nationalité de leurs propriétaires, la langue et la culture qu'ils véhiculent.

Si un pays prétendait préserver son autonomie en instaurant une politique fiscale indépendante ou en refusant de subventionner des écoles à propriété étrangère, le marché aurait tôt fait de le mettre en quarantaine et il serait promptement sanctionné par le mouvement des capitaux : *la mondialisation des capitaux assure la victoire du marché sur toute démocratie.*

Réversibilité, fragilité

Le principe commun au marché et à la démocratie est d'instaurer la liberté de choix dans tous les domaines : programmes politiques, candidats, objets de consommation, formes de travail pour l'entrepreneur comme pour le salarié. Liberté formelle, en tout cas, qui pousse les compétiteurs à proposer sans cesse du neuf à leurs clients, consommateurs ou électeurs, et contribue ainsi à fragiliser l'existant : le neuf devient un critère de qualité. La liberté se joue alors de plus en plus dans l'urgence, et la vitesse devient la règle.

Cette précarité rendra *ipso facto* de plus en plus fragiles les situations politiques, les relations sociales, les acquis professionnels, les relations sentimentales, au détriment des plus faibles ; *et d'abord des enfants*. Déjà, dans les pays pauvres, des dizaines de millions d'enfants sont déclarés adultes à dix ans.

Dans les pays riches, l'enfant restera symbole de la liberté et du neuf, critère du beau ; il continuera d'orienter la consommation, de faire le succès des films et des musiques, d'influencer les programmes de télévision et les thèmes publicitaires, d'enseigner aux adultes à se servir des machines nouvelles. Consommateur, il deviendra un produit de consommation. On pourra un jour proposer à chaque parent de se choisir un ou des enfants aux caractéristiques déterminées dont ils se sépareront parfois sur un caprice, bien avant d'avoir parachevé leur éducation.

En somme, la mondialisation vieillira les enfants avant l'âge. Ils seront de plus en plus privés d'enfance, de ce moment unique où chaque être humain est libre de se sentir provisoirement irresponsable, protégé par quelqu'un qui prend soin de lui, lui raconte des histoires, lui prodigue de la tendresse en même temps qu'il lui enseigne une morale et les limites de la liberté.

Distraction et voyage

Aucune civilisation n'est durable si elle n'est pas capable de donner un sens à l'effort, de justifier l'écoulement du temps. Concentrée sur le court terme, ballottée entre le réversible et le précaire, la démocratie de marché en est de moins en moins capable. Pour le masquer, elle se doit d'offrir à ses membres une façon de ne pas penser à l'absence de sens, de vivre par procuration une vie idéale — bref, un divertissement. *Marché et Distraction* : telle est la devise de la mondialisation. Pour être efficace, elle doit être sans cesse plus sensationnelle, émotionnelle, mélodramatique, manichéenne, consolation contre « l'affreuse mer de l'activité sans but » dont parlait déjà Alfred de Musset, et fondement de l'esthétique : car l'art naît souvent de la distraction lorsque celle-ci dérive en recherche de la beauté.

Bunkers de riches

L'emprise croissante du marché sur la démocratie rendra de plus en plus difficile le maintien des mécanismes de solidarité.

Marché et démocratie sont en effet deux processus de décision collective aux résultats potentiellement conflictuels : selon le premier, l'optimum social est atteint quand chacun se conduit de façon égoïste ; selon le second, la situation collective est idéale lorsque la minorité accepte de se soumettre à la décision de la majorité. Autrement dit, *le marché pénalise les minorités pauvres, alors que la démocratie pénalise les minorités riches.*

Quand joue la règle de la démocratie, les minorités pénalisées par une décision peuvent espérer, par leurs discours, rallier à leurs opinions une partie de la majorité et obtenir ultérieurement gain de cause ; elles sont donc au moins garanties contre tout excès par la perspective de l'alternance. Mais quand l'idéologie du marché pousse les minorités riches et impatientes à ne pas attendre de se retrouver majoritaires, à ne pas vouloir faire passer le bonheur de la majorité et le maintien des institutions démocratiques avant leurs propres intérêts, elles peuvent prendre le parti d'en retirer la gestion à des majorités moins favorisées.

On verra les groupes les plus riches refuser de financer les systèmes de retraite par répartition pour accélérer la mise en place de fonds de pension à leur seul bénéfice. On verra les banlieues aisées ne plus accepter de dépendre pour leur sécurité de municipalités majoritairement plus pauvres, et s'organiser en bunkers disposant de leurs propres forces de police et de systèmes de sécurité privés. On verra des régions riches — capitales ou ports pour l'essentiel — remettre en cause la solidarité fiscale avec le reste des régions moins riches, assumant même les risques d'une sécession. On verra les communautés ethniques les plus aisées d'un pays ou d'une ville organiser leur séparation d'avec les autres groupes.

L'échec d'une minorité à des élections libres sera prétexte à de tels divorces. Par le passé, ce sont les majorités pauvres qui se sont séparées des minorités riches qui les exploitaient : on est ainsi passé de 62 États en 1914 à 193 aujourd'hui. Demain, ce sera au tour des minorités riches de se séparer des majorités pauvres ;

toutes les frontières intra-étatiques risquent alors d'être remises en cause.

Dans les prochaines décennies, presque aucun des États nés en Europe après les guerres napoléoniennes, ou bien en Afrique et en Asie après la colonisation, n'aura suffisamment de légitimité historique pour résister à une telle pression de groupes économiquement privilégiés et démographiquement minoritaires. On verra un jour naître des États flamand, écossais, catalan, etc. Et, parmi ces nouveaux États, nul doute qu'on verra apparaître une poignée de nouveaux monstres.

Le cas des États-Unis est un peu particulier. Empire d'avant-garde, maître du marché mondial, ils seront moins menacés par la sécession de l'une ou l'autre de leurs régions les plus riches que par l'antagonisme entre leurs propres intérêts géopolitiques et ceux des citoyens américains les plus fortunés.

Devenus nomades planétaires, les membres de cette élite nouvelle, dite *hyperclasse* planétaire, pour la plupart américains de naissance ou d'adoption, débarrassés de toutes références patriotiques, voudront façonner le monde à leur profit ou/et à leur gloire. Cette nouvelle classe de riches — entrepreneurs, artistes, créateurs, manipulateurs de l'information, etc. — recevra le plus gros des profits et plus-values en patrimoine ; elle ne tolérera pas qu'un État, quel qu'il soit, lui impose des contraintes contraires à ses intérêts. Elle sera de plus en plus indifférente au sort du pays où elle travaille, des collectivités où elle vit, dans lesquels elle ne se reconnaîtra plus. Et comme l'Empire romain fut jadis miné par les Romains de l'extérieur, l'Empire américain sera menacé à son tour par les siens, ses propres « nomades planétaires ».

De fait, les États-Unis ne sauraient arbitrer tous les conflits de frontières, ni financer une police destinée à séparer toutes les ethnies en guerre. Ni eux ni aucune autre puissance n'aura intérêt à renforcer ni à démocratiser les instances multilatérales et l'Organisation des Nations Unies restera un forum vide de sens où les pauvres crient dans le désert.

L'explosion de la pauvreté

Alors que la fonction du marché est de répartir efficacement les ressources quelle que soit la répartition des revenus, celle de la démocratie est d'instaurer une distribution des revenus acceptable par des majorités changeantes. La fragmentation égoïste de la société rompra les mécanismes de solidarité existants et entraînera l'aggravation des inégalités relatives et de la pauvreté absolue. Elle ne permettra même pas de maintenir l'équité, c'est-à-dire de limiter les inégalités à celles qui ne nuisent pas au bien-être des moins pourvus, voire à la survie des plus démunis.

Elle conduira d'abord à une aggravation du chômage. Plus précisément, la mondialisation des marchés aboutira à une surcapacité de production et au sous-emploi d'une fraction importante des habitants de la planète, devenus inutiles comme travailleurs aussi bien que comme consommateurs.

De surcroît, le capitalisme devenu nomade sera plus inégal encore que le capitalisme sédentaire. Alors que la stabilité des salaires suffit en général au salarié, la stabilité du patrimoine ne suffit pas au propriétaire : s'il vit de ses plus-values, il a besoin d'une valorisation perpétuelle de ses actifs, qui creusent ainsi les inégalités de patrimoines.

Cette concentration des richesses a déjà commencé. Aux États-Unis, depuis 1979, 97 % de la croissance des patrimoines sont allés aux 20 % les plus riches. Les deux millions d'Américains les plus riches détiennent à présent 40 % de la fortune du pays, alors qu'ils n'en possédaient que 13 % il y a vingt-cinq ans. À ce rythme, au milieu du siècle prochain, la moitié de la fortune américaine sera aux mains de moins de deux mille personnes.

De même y aura-t-il concentration du patrimoine culturel. Il sera de plus en plus difficile, même dans les pays les plus développés, à un enfant issu d'un milieu modeste ou défavorisé d'être admis dans les meilleures universités et de prétendre aux métiers des technologies de pointe.

Déjà, les pays riches abritent l'essentiel de la recherche et attirent les meilleurs chercheurs venus du Sud : trente mille docteurs africains vivent hors de leur continent ; le premier cinquième de l'humanité concentre 93 % des utilisateurs d'Internet, contre 0,2 % pour le dernier cinquième ; 0,1 % de la population en Afrique subsaharienne a accès au Net, contre près de 50 % aux États-Unis. L'accès au réseau est beaucoup plus difficile au Sud qu'au Nord : alors qu'un ordinateur coûte moins d'un mois de salaire américain, il équivaut à huit années de travail au Bangladesh.

L'humanité se divisera schématiquement en trois classes : l'« hyperclasse », composée de nomades de luxe, détenteurs de l'essentiel du patrimoine ; la classe moyenne, vivant de salaires incertains, obsédée par la distraction et le voyage virtuel dans le monde des riches ; les nomades de misère, condamnés à des déplacements incessants juste pour trouver de quoi ne pas mourir de faim.

Malgré les perspectives de croissance du revenu de toutes les classes moyennes du Sud, l'écart avec les pays du Nord continuera de grandir. Le revenu moyen des pays les plus riches, trois fois supérieur à celui des plus pauvres en 1820, l'a été de onze fois en 1913, de trente-cinq fois en 1950, de quarante-quatre fois en 1973, de soixante-douze fois en 1993. Le cinquième de l'humanité le plus riche reçoit 86 % du revenu mondial, contre seulement 1 % pour le dernier cinquième. La richesse totale du milliard d'êtres humains les plus déshérités est aujourd'hui égale à celle des cent plus riches !

La pauvreté absolue continuera elle aussi de se répandre et de s'accentuer dans certaines régions du monde, essentiellement par la faute de gouvernants corrompus et du gaspillage économique. En 2040, ce ne sera plus un milliard de personnes qui vivront avec moins d'un dollar par jour, comme aujourd'hui, mais plus du double.

La plupart des pauvres seront des femmes seules avec des enfants à charge, habitant des bidonvilles à la lisière de mégalopoles ingérables. Alors qu'elles effectuent les deux tiers du travail de l'humanité, les femmes ne gagnent que 10 % du revenu mondial et ne possèdent qu'un centième du patrimoine mondial. Face à ce désastre grondera une menace révolutionnaire.

La dictature du marché

Faute d'une maîtrise démocratique de la mondialisation, beaucoup voudront la rejeter globalement.

Dans les pays pauvres, ceux-là emploieront les armes du protectionnisme, mettront en place des systèmes policiers féroces, écraseront les minorités, écarteront les étrangers. Sous prétexte de défendre la démocratie contre les assauts du marché, ils la balaieront en assurant d'autant mieux le triomphe de ce dernier. On aura — on a déjà — des dictatures de marché : Singapour et la Chine, aux deux extrêmes de la taille, en sont des modèles que beaucoup voudront suivre.

Dans les pays les plus développés où la démocratie est suffisamment installée pour être devenue difficile à remettre en cause, au moins dans ses apparences formelles, les nouvelles technologies permettront au marché — et non plus à l'État — de s'assurer de la soumission des consommateurs-citoyens. Des banques de données sauront tout d'eux. On pourra suivre à la trace, écouter, tout connaître sur tout le monde, consommateurs solvables, ressortissants honorables ou repris de justice. Chacun sera mis en demeure de veiller en permanence à sa propre conformité à une norme sociale nécessaire à la conservation d'un statut social. On vendra pour cela sur le marché des instruments d'auto-évaluation de tous les aspects de la santé et du savoir. Quiconque ne se sera pas maintenu conforme à cette norme ne pourra obtenir le paiement de ses frais de santé ou de ses dépenses d'éducation. L'autosurveillance conciliera l'apparence de la liberté individuelle avec la réalité de la soumission à la norme.

La violence et la guerre

Ni la démocratie ni la loi du marché ne prémuniront contre la violence. Déjà, au cours du XXe siècle, moment d'une formidable croissance de l'une et de l'autre, plus de 150 millions de personnes, soit l'équivalent de la population de la planète sous la Renaissance, sont tombées dans des guerres ou des massacres politiques impliquant pour la plupart des démocraties de marché.

Si la mondialisation se déroule suivant le scénario que je viens de décrire, le nombre des victimes sera bien plus élevé au siècle prochain.

La mondialisation des échanges, l'interdépendance des économies, l'émergence d'entreprises planétaires, la disparition des frontières économiques n'empêcheront pas qu'on s'entredéchire dans des conflits impitoyables, majoritairement ignorés des médias lassés par tant de cadavres déjà vus, tant de sang versé, vite séché. Chaque nuit, en cent endroits du globe, des milices avec ou sans uniforme continueront de massacrer des vieillards seulement parce qu'ils sont différents, de tuer des enfants en s'esclaffant, de se faire photographier en train de découper des femmes en morceaux ou de manger le foie de leurs ennemis.

Comme les guerres de Yougoslavie, sur lesquelles s'achève le XXe siècle, ont commencé dès la fin du XIXe, c'est dans les conflits d'aujourd'hui qu'il convient de chercher les contours de ceux du XXIe.

Plus précisément, *six types de guerres auront lieu* : trois entre pauvres — pour prendre le pouvoir dans une capitale, remettre en cause des frontières ou se disputer des richesses ; trois entre riches et pauvres — pour le contrôle de richesses dans une région, à la frontière entre Nord et Sud, et même, si tout dégénère, une guerre planétaire entre civilisations.

La plupart des guerres à l'intérieur du Sud seront des guerres civiles au sein d'une même nation. Déjà, entre 1989 et 1999, sur 61 conflits survenus à travers le monde, 58 ont été des guerres civiles dans un pays du Sud. Elles auront vocation à se multiplier. Surtout lorsque les différents camps sont au service d'intérêts occidentaux contradictoires (compagnies pétrolières ou minières) : *la guerre est et sera une continuation du marché par d'autres moyens.*

En Afrique, la guerre civile n'épargnera presque aucun pays : au Soudan, pays le plus étendu, où une guerre civile terrifiante continuera d'opposer les Dinka, éleveurs musulmans du nord, aux animistes chrétiens du sud ; au Congo, où s'affronteront encore longtemps armées et mercenaires venus du Burundi, du Rwanda, d'Ouganda et d'ailleurs ; la guerre civile tuera encore longtemps en Sierra Leone, au Liberia, au Rwanda, au Burundi, en Tanzanie, en Guinée-Bissau, en Angola, en Somalie, au Zaïre, au Nigeria, au Niger. Le XXIe siècle pourrait être celui de l'embrasement africain, comme le XXe a été celui des Balkans et du Moyen-Orient.

En Asie, la guerre civile menace aussi partout : à Kaboul, à Karachi, dans les capitales d'Asie centrale et dans les monarchies du Golfe.

En Amérique latine, le développement et l'enracinement de la démocratie semblent créer partout les conditions durables de la stabilité démocratique, sauf dans les pays où s'étend encore l'économie criminelle de marché, c'est-à-dire au Pérou, en Bolivie, au Guatemala, au Paraguay et en Colombie.

Par ailleurs, la légitimité des frontières sera de plus en plus disputée. Là où la démocratie est ancienne — en Europe occidentale en particulier —, l'autodétermination conduira à des sécessions amiables. Ce ne sera sûrement pas le cas ailleurs. D'abord en Afrique, où les futures guerres de sécession ont déjà commencé. En Éthiopie, deux énormes armées fort bien entraînées et disposant du meilleur matériel occidental s'affrontent dans une bataille de tranchées, aux frontières de l'Érythrée, pour le triangle de Badmé. En Turquie, une guerre analogue opposera longtemps encore l'armée régulière et les nationalistes kurdes. D'autres sont en germe en Irak et entre tous les pays riverains du Jourdain. L'ex-Union soviétique n'a pas fini de se défaire ; des guerres de sécession ont déjà commencé en Ossétie du Nord, au Nagorno-Karabakh, en Tchétchénie, au Daghestan ; d'autres pourraient éclater au cœur de la Sibérie pétrolière.

De même en Inde, où une guérilla indépendantiste a commencé au Bihar et au Cachemire ; au Sri Lanka, où les sécessionnistes tamouls ne laisseront aucun répit à l'État central ; au Myanmar où les Karen se battront à mains nues pour leur indépendance ; en Chine, où les Ouïgours, oubliés, mèneront jusqu'au bout un combat nationaliste aux frontières du Kazakhstan ; au Tibet, où la non-violence n'exclut pas les affrontements avec l'armée chinoise ; aux Philippines et en Indonésie, où de multiples îles prendront leurs distances avec l'archipel.

Enfin, un troisième type de guerre aura lieu entre pays du Sud pour le contrôle de matières premières, de sources d'eau ou d'énergie, pour la propriété de territoires fertiles ou d'un accès à la mer. En particulier tous les pays riverains du Jourdain, du Nil, de l'Euphrate et du Gange.

On verra aussi menacer trois autres types d'affrontements entre riches et pauvres.

D'abord, dans les villes du Sud comme dans celles du Nord, des violences, tournant parfois à la guérilla urbaine, aux formes de plus en plus militarisées, opposeront les habitants des banlieues à ceux des hauts quartiers, voire aux représentants de la classe moyenne.

Ensuite, d'irrépressibles convoitises peuvent déclencher des conflits entre pays du Nord et du Sud ayant une frontière commune : ainsi entre le Mexique et le Guatemala, entre l'Europe de l'Ouest et la Russie, entre Israël et ses voisins, entre le Maghreb et l'Europe.

Enfin, on peut imaginer l'affrontement, dans un monde à la fois global et moyenâgeux, de grandes alliances recouvrant des identités civilisationnelles et idéologiques que ni la démocratie ni l'économie de marché n'auront réussi à faire disparaître.

Coalitions idéologiques comme au XXe siècle, coalitions de concurrents, comme ce fut le cas du XVIe au XIXe siècle, ou encore coalition de riches contre coalition de pauvres ? Dans les trois éventualités, chacune de ces coalitions rassemblera tout ou partie des sept grandes civilisations qui existent et continueront d'exister : États-Unis, Europe, Russie, Islam, Chine, Inde, Japon.

À moins de voir la Russie redevenir belliqueuse ou l'Islam se structurer en pouvoir politique universel menaçant, à moins encore d'imaginer une guerre entre les États-Unis, l'Europe et le Japon, l'hypothèse la plus vraisemblable est l'affrontement du Nord et du Sud, l'un regroupant toutes les nations développées autour des États-Unis, l'autre rassemblant l'essentiel de l'Asie et une large partie de l'Islam autour de la Chine. Le premier représenterait les deux tiers de la richesse et le cinquième de la population mondiale ; le second, le cinquième de la richesse et les deux tiers de la population mondiale. Des données qui ne relèvent en rien de la science-fiction.

Déjà, certains proposent ouvertement que les États-Unis prennent le contrôle d'une « Alliance pour la démocratie » qui remplacerait l'Alliance atlantique afin de regrouper dans le cadre d'une coalition défensive, face au monde chinois, tous les pays développés, auxquels s'adjoindraient l'Amérique latine et l'Inde, avec des mécanismes de décision à la majorité qualifiée assurant le nécessaire respect de la démocratie formelle dans une soumission de fait aux États-Unis.

Comme les affrontements antérieurs entre empires, celui-là commencerait par des conflits locaux pour le contrôle de ressources naturelles (en Asie centrale et en Sibérie), la protection des « marches » ou la défense de valeurs spécifiques d'ordre religieux ou culturel.

Les relations de l'Inde, de la Turquie et de la Russie avec l'Occident, du Pakistan et de l'Indonésie avec la Chine, de l'Asie centrale avec l'un et l'autre, compteront parmi les paramètres déterminants de la prochaine déflagration planétaire. Celle-ci risquerait fort d'être l'ultime guerre puisque, depuis la précédente, la science

a pourvu l'homme des moyens de détruire son
espèce.

Science et dictature

Si le marché l'emporte sur la démocratie, il
orientera la science dans des directions qui
menaceront l'humanité.

D'abord parce que la victoire du marché
laisse déjà sans solution, en les faisant s'inter-
pénétrer, les trois problèmes écologiques
majeurs de demain : le manque d'eau, l'accumulation des déchets énergétiques et le bouleversement du climat.

Ensuite parce que, pour satisfaire le marché,
les conquêtes de la science pourraient débou-
cher sur de nouveaux désastres.

La science risque de conduire à des désordres
agricoles irrémédiables en déstabilisant les
réseaux de l'alimentation, en rendant résistantes
aux herbicides des espèces nuisibles, en laissant
se développer des insectes résistants aux insec-
ticides, en supprimant une abondance naturelle
dans le but de rendre rares des semences mani-
pulées, en laissant se propager des maladies
d'espèces en espèces.

Appliquée à l'homme, la génétique pourrait
mener à d'autres folies : pousser les enfants à

modeler leurs comportements et à choisir leurs métiers et relations en fonction d'interdits dictés par une carte génétique individuelle ; aller jusqu'à la production de chimères, animaux hybrides adaptés aux besoins de l'économie ; enfin, autoriser le clonage humain, d'abord pour créer des réserves d'organes ou pour reproduire un enfant mort en bas âge, puis pour tout autre but. Même si une loi de portée mondiale prétendait l'interdire, son application resterait invérifiable : le clonage aura lieu.

Ultime évolution : on produira peut-être un jour des clones humains diversifiés selon les besoins du marché, heureux de leur sort. Des clones sans jalousie ni envie. Aliénés pour le plaisir de l'être, faisant en sorte, comme le prévoyait Aldous Huxley, que *les gens aiment être ce qu'ils sont*. Ce serait là vraiment — là seulement — la fin de l'Histoire, par anéantissement de l'espèce humaine.

De la distraction à la Révolution

Peut-on éviter cette dérive qui transformerait les deux meilleurs systèmes que l'homme ait inventés pour vivre avec ses semblables — le marché et la démocratie — en catastrophe finale ? Sera-t-il possible de rétablir un équilibre entre l'un et l'autre ? De définir une frontière stable entre ce qui appartient au marché et ce qui doit relever de la démocratie ? À l'échelle de chaque nation ? de chaque continent ? de la planète entière ?

La réponse à ces questions est probablement négative : il n'y a sans doute rien à espérer de l'avenir. Aux riches, les merveilles de la distraction pour leur faire oublier leur terreur de mourir et, plus prosaïquement, leur peur de basculer dans la misère dont ils épient à distance le spectacle. Aux pauvres, les splendeurs lointaines du marché pour leur faire comprendre que rien ne pourra jamais enrayer cette puissance immanente, inexorable, ce pouvoir sans lieu.

Pourtant, des forces de rébellion sont à l'œuvre. La moitié du monde a moins de vingt ans. Majoritairement pauvre, elle assiste, sur les millions d'écrans du monde, au spectacle des richesses que se partagent les nantis de l'Occident. De ce formidable décalage, quelque chose est en train de naître. Certains des plus pauvres iront les uns après les autres tenter leur chance au Nord. D'autres, au Nord comme au Sud, en viendront à rêver d'une société où tous les hommes pourraient enfin vivre ensemble sans s'ignorer ou se haïr. Utopie ?

CHAPITRE III

À la poursuite du bonheur

> *« Il leur restait donc le présent, l'esprit du siècle, ange du crépuscule, qui n'est ni la nuit ni le jour ; ils le trouvèrent assis sur un sac de chaux plein d'ossements, serré dans le manteau des égoïstes et grelottant d'un froid terrible... »*

La domination du marché sur la démocratie ouvre donc sur une monstrueuse simultanéité du Bien et du Mal. Sur une sorte de nouveau Moyen Âge où la barbarie va jouxter l'abondance.

Quiconque se sent responsable de la survie des autres, à commencer par celle de ses propres enfants, ne saurait s'en satisfaire. Et nous voici renvoyés aux vieilles et naïves questions : peut-on vivre autrement ? peut-on espérer construire un jour un monde sans violence, sans misère, sans égoïsme ?

C'est parce qu'ils se posent ces questions et ne renoncent pas à leur trouver des réponses que des femmes et des hommes d'aujourd'hui réussissent encore à tolérer leur présent sans s'y résigner.

Certains, parmi eux, aiment à décrire, sous le nom d'*utopie*, ce que pourrait être une société idéale, et comment faire pour que les sociétés réelles y ressemblent. De telles utopies ont inspiré toutes les grandes aventures du passé. De nouvelles surgiront des contradictions de l'avenir. Il devient urgent de les cerner et de les comprendre.

Qu'est-ce qu'une utopie ?

L'utopie est le dessin d'une société idéale. Elle ne se confond pas avec le mythe, qui entretient la mémoire d'un passé imaginaire. Ni avec le millénarisme, qui annonce une longue période de désordres terrestres avant la fin des temps. Elle n'est pas non plus un programme ni une idéologie, ni une stratégie de prise de pouvoir, ni une réflexion sur une période de transition. Elle est volonté de modeler l'image de la société à partir d'un idéal éthique, d'une certaine conception de la justice, du bonheur, de l'efficacité, de la responsabilité.

Parfois, l'utopie est l'œuvre d'un écrivain identifiable ; parfois, elle est un récit collectif issu du plus profond d'un peuple ou d'une culture. Elle s'exprime dans tous les arts, de la musique à la littérature, du cinéma à la publicité. Elle trouve souvent sa source dans un texte initiatique où il est question d'un paradis perdu, d'un meurtre fondateur, d'un chef nécessaire, de tabous à respecter. Dans tous les cas, elle est recherche du meilleur des mondes, ou au moins tentative pour définir dans quelles conditions les hommes pourraient vivre ensemble, heureux et en paix.

L'utopie émane souvent d'une élite inquiète de voir ses privilèges menacés par son propre aveuglement. Elle est aussi parfois une réaction contre une évolution incontrôlable, contre ce qui est ressenti comme un dérapage ; elle reflète alors le désir d'une pause ou d'une fin de l'Histoire, de l'avènement d'un monde tranquille, sans surprise, sans violence, répétitif et immobile, dont les habitants seraient protégés de leurs propres folies par des règles, des institutions éternelles et sacrées. Où le bonheur, le plaisir, l'absence d'efforts et de souffrances seraient garantis.

Parfois, le discours sur l'utopie est un discours sur la science : admettre le droit à l'utopie, c'est alors admettre le droit à comprendre et à changer. Dès qu'il y a science, il y a utopie ; dès qu'il y a utopie, il y a, d'une façon ou d'une autre, désir de science.

L'utopie imagine en général une Cité idéale, idyllique, où les machines travailleraient pour les hommes, où tout serait disponible pour tous, gratuitement, à l'infini, sans effort, sans que nul ne vienne produire des frustrations nouvelles en créant des biens nouveaux. Plus modestement, l'utopie est parfois seulement garantie de dignité et de travail pour tous. Dans tous les cas, elle rêve d'un monde où il serait possible d'organiser la rareté de façon tolérable : rareté de libertés, de biens, d'amour, de vie. Et, comme l'abondance résulte justement de la fertilité, la propriété des femmes, de la terre, de l'argent et de l'information sont en général au cœur des utopies.

L'utopie prévoit parfois la mise en commun des biens, la liberté de consommation dans des magasins collectifs et la disparition de la monnaie. Elle implique en général la disparition des crimes et délits, soit que les hommes soient devenus raisonnables et justes, soit que les lois, elles-mêmes raisonnables et justes, les y aient contraints, soit encore que certaines licences ou transgressions ne soient plus jugées punissables. Elle est, dans l'absolu, la description d'un mode de vie échappant à la solitude, à l'effort, au chagrin, au manque, aux rapports de force, à toutes les sources du malheur de l'homme. Si l'une de ces sources consiste à désirer ce que l'autre désire, alors l'utopie élimine le désir. Ou la rivalité, ou l'ambition, ou l'envie. Ou tout ce qui peut nuire au bonheur et au plaisir.

L'utopie traduit toujours un désir de pureté dans les mœurs comme dans les institutions, souvent par un refus de l'autorité du père au profit de l'amour de la mère. Parfois, les rapports sexuels y sont prohibés, niés ou à tout le moins réglementés. Souvent, un État bienveillant y garantit à chacun de la considération et des droits ; ou bien l'État n'est pas même nécessaire et aucun pouvoir ne vient limiter l'exercice des libertés.

L'utopie est soit espérance d'un renouveau à un moment où un mode de développement échoue ; soit, au contraire, description de l'accomplissement de progrès en cours, parfois considéré comme inéluctable. Elle est alors, écrit Victor Hugo à la fin d'un siècle gros de promesses, la « vérité de demain », ou, comme le proclame au même moment Lamartine, une « vérité prématurée ».

Elle renvoie en général à une conception irréversible du temps, commune à toutes les civilisations tendues vers la perfection et l'unité, à celles qui voient dans l'avenir la possibilité pour l'humanité de se régénérer, de se rassembler et de progresser. On ne peut alors la séparer d'une réflexion sur le péché originel, la grâce, le caractère naturellement bon ou méchant des hommes, sur la nécessité de les contraindre à la justice et les dangers inhérents à cette contrainte.

Elle peut décrire une société immédiatement possible, qu'il suffit de vouloir pour la réaliser. Ou, au contraire, une société lointaine, exigeant l'accession préalable à un certain niveau de développement économique ou culturel. Plusieurs chemins peuvent alors mener à l'accomplissement d'une utopie : l'action politique, la dictature, le progrès scientifique, le hasard, l'épanouissement des qualités naturelles de l'homme. Il n'y a pas dans l'utopie de place pour les « grands hommes », hormis pour les scientifiques, seuls autorisés à faire du neuf. On y parle rarement de la façon de traiter ceux qui la refusent, si ce n'est pour annoncer que « les opposants seront tous exterminés » (ou « écartés », « neutralisés », isolés dans des réserves ou des camps).

L'utopie est toujours un voyage : nostalgie, enfance, régression, ou, au contraire, fuite en avant, recherche d'un monde prestigieux, d'un âge d'or, d'une libération des fantasmes. Elle est désir d'atteindre sa terre, d'arriver chez soi, libre et protégé de ses ennemis.

Pour décrire le lieu de l'utopie sans avoir à énumérer les moyens de la réaliser ni à décrire les difficultés de la « transition », les auteurs d'utopies l'installent en général dans un pays imaginaire — souvent une île —, protégé de toutes contaminations et influences des autres mortels. Les voyageurs qui en reviennent racontent non pas leur périple, souvent difficile et hasardeux, qu'ils ne sauraient reproduire (parfois le voyage s'est effectué en dormant), mais les merveilleux pays découverts, avec tout le détail de leur géographie et de leur topographie. Ils ne disent en général rien non plus de l'histoire qui a conduit à la mise en place de ce régime utopique. Il est là de toute éternité, dans un pays lui-même sans histoire. On se borne à évoquer la sortie du labyrinthe, le but du voyage du nomade, l'étoile qui l'a guidé, mais ni les plans du navire ni le chemin qu'il a empruntés, les péripéties du périple, les écueils de la transition, les impasses du labyrinthe : le droit à la découverte, à l'errance et à l'errement est rarement reconnu par l'utopie.

Elle ne met pas nécessairement fin à l'Histoire, même si la fin de l'Histoire est une utopie parmi d'autres. Elle marque au contraire souvent le début d'une Histoire, d'une ère nouvelle. Elle s'accompagne alors d'un nouveau calendrier, d'une nouvelle façon de compter le temps, d'un refus du passé, d'une amnésie ou d'une amnistie gommant les crimes antérieurs des hommes.

Dernière caractéristique du discours utopique :
il ne peut être entendu que de ceux qui s'arro-
gent le droit d'exiger un avenir meilleur, plus
vaste et plus riche, de ceux qui pensent que le
malheur ou la résignation ne résument pas le lot
définitif qui leur est échu : bref, l'utopie n'est
pas nécessaire aux médiocres.

L'utopie discréditée

On ne lit plus aujourd'hui de projets de
sociétés idéales comme on le faisait encore
jusque dans l'entre-deux-guerres. André Gide
écrivait en 1935 : « Combien de jeunes velléités
qui se croyaient pleines de vaillance et qu'a
dégonflées tout à coup ce seul mot d'*utopie*, et
la crainte de passer pour chimériques aux yeux
des gens sensés. Comme si tout grand progrès
de l'humanité n'était pas dû à de l'utopie
réalisée. »

Lorsque la science-fiction prend, après la
Seconde Guerre mondiale, le relais du discours
utopique, c'est en général (avec *1984*, *Le Meilleur des mondes*, *La Planète des singes*, *I.G.H.*,
Limbo ou *Fairy Land*) pour en exprimer et en
dénoncer les dangers.

Bien des raisons expliquent ce discrédit.

Les progrès de la science et de l'économie ont rendu possibles des modes de vie très supérieurs à ceux dont rêvaient les utopistes les plus échevelés.

La naissance et la consolidation de la *démocratie* ont réduit le besoin d'un détour par l'utopie pour organiser une critique sociale. On peut désormais l'exprimer ouvertement sous forme de projet concret dont on propose aux citoyens la réalisation étape par étape, sans avoir à décrire une société idéale.

La *mondialisation des échanges* démontre chaque jour qu'aucune société autre que celle que façonnent les marchés n'est possible, même sur un territoire circonscrit, et qu'il ne sert même à rien d'y penser. Le marché tue donc l'utopie comme sujet de réflexion tout en la récupérant comme objet de consommation et en en faisant le fondement même de la publicité.

La *psychanalyse* a fait admettre à beaucoup que le bonheur n'était pas une catégorie intéressante et que le mieux que chacun pouvait espérer dans la vie était de se supporter lucidement, d'explorer cyniquement toutes ses sources de plaisir, et de se débarrasser de toutes ses aspirations nostalgiques ou idéalisées.

La *science* a changé l'échelle du temps. Alors que l'utopie suppose une Histoire à l'échelle humaine, l'astronomie propose une mesure du temps en milliards d'années dans laquelle l'humanité n'occupe qu'une place dérisoire et éphémère.

Enfin et surtout, l'*Histoire* moderne a montré que l'utopie est mère de toutes les dictatures. Car c'est en voulant contraindre l'homme à vivre dans une société décrétée idéale, « pour son bien », que le XXᵉ siècle a produit tant de cauchemars peuplés d'utopies distordues, fracassées. Il n'y a plus place pour elles après Auschwitz et le Goulag. Ceux qui sont sortis des camps savent que les victimes elles-mêmes sont capables de devenir un jour bourreaux ou complices des bourreaux, que tout être humain placé dans des conditions aussi particulières peut se transformer en monstre, qu'il n'y a rien à espérer de l'homme, ni seul ni surtout en groupe. Que, derrière tout beau discours brodant sur un avenir radieux, se cache un dictateur potentiel. Que tous les actes généreux et altruistes masquent une peur de la solitude et de la mort, une volonté folle et naïve d'être reconnu, aimé, de laisser une trace, de devenir éternel dans la mémoire des autres.

Devant les dégâts de l'Histoire, les hommes ont presque tous renoncé à croire que le bonheur dépendait d'une machinerie institutionnelle, ils ont appris à se résigner aux lois de l'économie, à se plier à l'inattendu, à admettre que le seul bon théoricien de l'Histoire s'appelle Shakespeare et que le seul moteur efficace dans la vie des peuples reste la passion.

Les civilisations anti-utopiques

Beaucoup de civilisations n'ont pas produit d'utopies. D'aucunes se sont même construites sur leur négation.

Certaines cultures affirment que l'écoulement du temps n'a aucun sens, sinon celui de la dégradation du vivant, du pourrissement dont la nature offre d'infinis exemples. Elles proclament qu'il n'y a ni paradis perdu, ni avenir radieux, que l'homme ne peut que tomber de malheur en souffrance et de tragédie en chagrin. Que la seule chose qu'il puisse faire, c'est apprendre à renoncer à toute aspiration au bonheur, à tout appétit de jouissance, pour réduire les conditions de sa souffrance et aider les autres à se résigner.

Pour d'autres civilisations anti-utopiques, le temps est cyclique, l'homme y passe de vie en vie, en essayant d'éliminer la souffrance par le renoncement, le *nirvana*, jusqu'à sortir du cycle des réincarnations, le *samsara*. Chaque vie n'est alors qu'un épisode de la lutte contre la souffrance par la négation du désir.

Pour le dire sommairement, la pensée indienne penche plutôt vers la destruction du tout, le pourrissement. Alors que la pensée chinoise oscille plutôt entre le *wu* et le *wei*, l'être et le non-être, l'agir et le non-agir. Mais l'une et l'autre s'interpénètrent trop pour qu'on puisse les distinguer en quelques mots.

D'une certaine façon, toutes les sociétés d'Orient, dans leur infinie diversité, ont choisi pour commune utopie le *renoncement* : une sorte d'utopie inversée, tendant non pas à quelque accomplissement de la collectivité humaine, mais à sa négation même, par quoi les hommes n'ont ni à s'étonner, ni à se révolter, ni à agir.

Dans cette apologie de la passivité vivait jusqu'à aujourd'hui plus de la moitié de l'humanité. Elle est en train d'en sortir, au moins pour chercher à entrer dans la société d'abondance, pour donner un sens à l'effort et au temps. Ultime victoire de l'Occident : il est en passe de réussir à imposer son sens du temps et, par là, le retour de l'utopie à des sociétés qui les niaient depuis toujours.

Du bon usage des bons sentiments

Pourtant, si l'on veut agir sur l'avenir, on ne peut faire l'économie d'un retour sur l'utopie.

On ne peut refuser de replacer l'humanité et son histoire dans le cadre d'un destin élargi au possible. Quitte à paraître naïf, à sembler vaticiner hors de toute réalité, il faut bien partir d'un rêve absolu.

Le nomade ne se met pas en marche s'il n'a pas une Terre promise à laquelle rêver. Il a besoin de bons sentiments pour penser une bonne société, même s'il la sait inaccessible.

CHAPITRE IV

Éternité, Libertés, Égalités, Fraternités

« *Tout ce qui était n'est plus ; tout ce qui sera n'est pas encore. Ne cherchez pas ailleurs le secret de nos maux.* »

L'inventaire des utopies peut paraître *a priori* impossible. Ces projets sont si divers, si contrastés ; leurs origines, les aspirations qu'ils véhiculent, leurs systèmes de valeurs sont si éloignés les uns des autres qu'il peut sembler illusoire d'en bâtir une classification à la fois exhaustive, limpide et convaincante.

Après avoir essayé plusieurs typologies, j'estime que la plus pertinente est celle qui regroupe les utopies en quatre grandes catégories autour de quatre objectifs essentiels : *Éternité, Libertés, Égalités, Fraternités*.

À l'aube des sociétés, les hommes, sachant que la perfection n'appartenait qu'à leurs dieux, ne voyaient leur passage sur Terre que comme un labyrinthe de douleur au bout duquel se trouvait une porte ouvrant, *via* la mort, sur la compagnie des dieux et sur l'*Éternité*. De leur vivant, ils ne se proposaient rien de plus que de souffrir en silence, gérer au mieux les catastrophes, contenir la violence et organiser le plus précisément possible leur passage ou leur migration vers ce lieu utopique.

Avec les Hébreux puis avec les Grecs, des hommes osèrent se libérer des exigences théologiques et rêver d'une Cité idéale où s'épanouirait la *Liberté*.

D'autres, en observant l'évolution de la société marchande, comprirent que la liberté des uns entraînerait l'aliénation des autres, et ils cherchèrent l'*Égalité*.

Nous en sommes arrivés aujourd'hui à un moment où ces trois sortes d'utopies achoppent sur leurs contradictions. Pour promettre l'Éternité, les religions restreignent les Libertés. Là où elles existent, celles-ci n'ont pas réussi à empêcher l'aggravation des inégalités et de la précarité. Inversement, l'Égalité n'a su s'ébaucher que sur les ruines des Libertés. De toute façon, aucune de ces utopies n'a réussi à atteindre l'objectif qu'elle se fixait.

Demain, certains prophétiseront un retour du religieux ; d'autres chercheront des voies nouvelles vers l'Égalité ou vers la Liberté. D'autres, enfin, oseront transcender les unes et les autres pour imaginer un monde où l'utopie ne serait plus fondée sur la peur, l'égoïsme ou la jalousie, comme dans les trois premières, mais où chacun trouverait son bonheur à faire celui des autres ; cela aura nom *Fraternité*.

Ces quatre sortes d'utopie visent toutes au bonheur : celui de chacun ou celui de tous ; ici, maintenant ou à jamais. Mais elles sont d'une nature différente. L'Éternité, l'Égalité et la Liberté sont des droits ; la Fraternité est une obligation morale. L'Éternité et la Liberté sont des statuts individuels ; l'Égalité et la Fraternité sont des relations entre membres d'une société donnée. La Liberté et l'Égalité sont des utopies de la rareté ; l'Éternité et la Fraternité sont des utopies de l'abondance. La Liberté est définie négativement (ne pas être soumis) ; l'Égalité est définie positivement (être l'égal de l'autre) ; la Fraternité associe le bonheur individuel à celui des autres, elle est la seule utopie altruiste.

Si j'ai retenu cette classification, c'est que toute utopie imaginable est réductible à l'une ou l'autre de ces quatre catégories fondatrices. Par exemple, l'utopie de la Pureté, où seraient éliminés le sale, l'impur, l'impudique, le nuisible, le coloré, l'étranger, peut se ramener à une utopie égalitariste dans laquelle le différent est considéré comme impur (de fait, l'obsession hygiéniste va toujours plus ou moins de pair avec la xénophobie). L'utopie du Savoir, où l'homme atteint à la connaissance absolue, rejoint celle de l'Éternité, où l'homme est Dieu ;

ou encore celle de la Liberté, où l'homme est maître du monde. Les utopies de l'Abondance, qu'elles promettent la fin de l'insécurité ou de l'effort, se ramènent à celle de la Liberté s'il s'agit de l'abondance pour soi, ou à celle de l'Égalité s'il s'agit d'un pays de cocagne promis à tous. La fin de la souffrance renvoie à l'Éternité ; le plaisir, le marché et la démocratie à la Liberté. Les utopies de la Responsabilité, de l'Altruisme et de la Non-Violence procèdent de la Fraternité.

Enfin — et c'est peut-être l'essentiel —, *chacune de ces quatre utopies crée les conditions de l'avènement des autres.* Elles s'enchaînent historiquement selon un ordre implacable qui n'exclut ni retours en arrière, ni interférences. Aujourd'hui, c'est de la faillite des trois premières que naît la nécessité de la Fraternité, à la fois inéluctable et impossible comme toutes les utopies.

La fin de la mort

Dans les premières sociétés nomades, les hommes n'imaginent sans doute le bonheur que dans un au-delà de la vie. Ils donnent au séjour des morts d'innombrables formes : paradis ou enfer, néant ou jardin d'abondance, lieu de plaisir ou de souffrance ; ils le réservent aux élus ou à tous les hommes ; ils pensent parfois le partager avec les dieux, les animaux ou des créatures imaginaires. Le monde des vivants n'est, lui, qu'un labyrinthe, un passage vers l'éternité. Il ne sert qu'à apprendre à devenir éternel, à organiser une transition réussie vers le royaume ultime, par des rites de communication, sacrifices ou offrandes aux dieux afin qu'ils aident les hommes à les rejoindre dans un au-delà idéal.

Pour ces peuples premiers, la vie est trop brève, traversée de trop de peurs et de souffrances pour qu'une utopie terrestre soit imaginable. Ni la société des hommes ni la Nature ne peuvent être améliorées ; l'une et l'autre obéissent à des lois que rien ne peut venir entraver, sauf pour le pire. L'ordre terrestre, même s'il est injuste, aliénant ou insupportable, est une punition pour un péché originel, ou à tout le moins une immanence inaccessible. Il n'y a pas à se révolter contre lui. Il faut en abandonner la gestion à des chefs et à des prêtres choisis pour leur aptitude à organiser le voyage vers l'au-delà. Toute tentative pour changer les rites ou les rapports de pouvoir ne peut que rompre l'harmonie voulue par les dieux, produire du désordre et réduire les chances des hommes d'accéder à l'éternité. La Liberté nuit à l'Éternité.

Sans doute faut-il au demeurant distinguer entre celle-ci, qui est l'espace utopique infini ouvert à toute conscience, et l'Immortalité, qui est le droit utopique accordé à chaque conscience de se projeter ou se proroger dans l'Éternité.

Dans certaines civilisations, l'au-delà lui-même n'est qu'une situation provisoire, une oasis entre deux séjours terrestres. Il n'est, comme la vie, qu'une étape sur un chemin conduisant à la négation de toute trace d'individualité. L'utopie consiste alors dans l'achèvement de tous les passages, dans la négation de l'être et sa fusion avec l'Esprit en une conscience unique, réceptacle de toutes celles des vivants. On y parvient par le non-agir, condition de la non-souffrance.

Dans les villages et les empires qui remplacent, il y a huit millénaires, les sociétés nomades, le lien se précise entre l'éternité et l'ici-bas. Le séjour des morts se hiérarchise comme celui des vivants. N'ont droit à l'éternité que ceux qui disposent d'assez de richesses pour les offrir aux dieux en échange de leur hospitalité. *L'enfer est pour les pauvres.*

Avec le monothéisme, un nouvel acteur intervient dans la préparation de l'au-delà : le

Messie, accoucheur d'une utopie qui n'est plus le simple partage de la vie des dieux, mais un monde nouveau, inconnu, à créer. Certes, il existe aussi quelque chose comme une utopie terrestre, mais elle est reléguée dans le passé, définitivement inaccessible : c'est le Jardin d'Éden où l'homme avait tout à sa disposition sans effort ni savoir, et dont il a été chassé pour avoir refusé l'ignorance. Quand le Messie viendra, l'homme ne retournera pas au paradis terrestre, mais s'installera au royaume de Dieu, où tous les morts seront réunis dans une éternité collective sans hiérarchie, sans relation avec les offrandes ou les sacrifices consentis. *L'enfer est désormais pour les riches.*

Pour préparer la venue du Messie, la vie terrestre doit obéir à des lois rigoureuses qui en font une société exigeante et austère. Non pas pour créer les conditions d'un bonheur humain, mais pour préparer à l'éternité. *La Loi instaure une utopie humaine, instrumentale, préparatoire à l'utopie véritable, divine.*

Vers la même époque, chez les Grecs, Platon contribue lui aussi à ce déplacement de l'utopie du monde des morts vers celui des vivants en mêlant l'idée de réincarnation, venue d'Orient, à celle d'éternité. Pour lui, après la mort, les âmes ne séjournent que temporairement dans un paradis ou un enfer, pour une durée variable selon le nombre et la nature de leurs fautes, avant de revenir sur la Terre pour un nouveau destin déterminé par l'accomplissement terrestre antérieur. Pour aider l'homme dans ses voyages, pour le pousser au respect de vertus cardinales (la sagesse, le courage, la tempérance et la justice), sans en attendre de récompense, la société doit être fondée sur des lois justes. Comme dans la Bible, l'utopie terrestre reste instrumentale.

Avec le christianisme, l'éternité de chaque homme ne dépend plus, comme dans le judaïsme, de celle de l'espèce humaine dans son ensemble. Comme chez Platon, l'éternité dépend du comportement d'avant la mort. Pour certains chrétiens, l'orgueilleux et le riche sont condamnés à l'enfer, tandis que l'humble et le pauvre sont reçus au paradis, quelles que soient leurs fautes. Pour d'autres, nul n'est assuré d'accéder à la Cité éternelle, même s'il obéit à tous les préceptes divins, en particulier s'il meurt pauvre et proche de Dieu.

Ainsi, avec le monothéisme, les enjeux de la Liberté et de l'Égalité commencent à se mêler à ceux de l'Éternité. Une des plus belles illustrations de ce subtil passage de l'utopie divine à l'utopie humaine est magnifiquement exprimée au IVe siècle par saint Augustin : « Deux amours ont fait deux cités : l'amour de

Dieu poussé jusqu'au mépris de soi a fait la Cité céleste ; l'amour de soi poussé jusqu'au mépris de Dieu a fait la Cité terrestre. » Sorte d'avant-garde, rassemblement de tous les hommes ayant reçu la grâce afin de préparer la Jérusalem céleste, la Cité de Dieu est une entité abstraite : présence terrestre du royaume de Dieu, utopie d'éternité exilée sur la Terre, unissant en un réseau mystique tous ceux qui se reconnaissent dans le Livre, pour y maintenir la paix par la justice. L'utopie sera pleinement réalisée quand la Cité de Dieu et celle des hommes seront réconciliées, quand l'humanité aura fusionné en Dieu. Quand elle aura librement décidé d'être digne de Lui.

Genèse des Libertés

Aussi longtemps que la vie de chacun est réglée par les exigences de l'éternité, personne ne ressent la liberté autrement que comme un blasphème. Mais quand les peuples voient les princes satisfaire tous leurs caprices et les marchands se donner les moyens d'acheter leur immortalité, ils identifient bonheur à liberté et liberté à propriété. Ils se mettent à rêver de sociétés ouvertes où chacun serait libre d'aller et venir, de s'exprimer, d'acheter et vendre, de prendre part aux décisions de la Cité.

Pour théoriser ce nouvel idéal, il leur faut franchir plusieurs révolutions : admettre que le pouvoir n'est pas d'origine divine, qu'il n'est pas nécessairement infaillible et qu'il peut être légitimement renversé. Avant que les penseurs juifs et grecs ne le formalisent, quelques hommes, au plus profond des empires, ont dû rêver de chefs plus dignes, d'ordres moins stupides, de la liberté d'aimer hors de sa caste, de la fin de l'esclavage. L'auteur de la première utopie laïque regardait sans doute les empires de l'extérieur ; il ne devait pas y avoir sa place ; il n'attendait rien non plus de l'au-delà, et tout d'un monde où les hommes seraient libres de créer, voyager, échanger : le premier théoricien de la liberté fut sans doute un nomade, ou du moins un marin.

Avec les Hébreux et les Grecs, la liberté s'organise et se complexifie. Elle devient plurielle : liberté de penser hors des rites, d'aimer hors du clan, de travailler sans mise en esclavage définitive, d'échanger tous les biens, de maîtriser et transformer la nature. Et, plus encore, invention majeure : d'édicter des lois pour protéger les libertés.

En même temps que la pensée juive organise le droit des hommes sur le monde et le devoir de maîtriser la nature, des Grecs commencent à vouloir penser la société, la comprendre ; ils ne la considèrent plus comme une fatalité imposée par le Ciel, mais comme une invention humaine qu'il est licite d'analyser et même de remettre en cause : elle devient un artefact perfectible. L'utopie de la Liberté se traduit alors par l'invention d'un mécanisme radicalement nouveau permettant aux hommes d'être collectivement libres de changer la société : la *démocratie*. Celle-ci n'est encore qu'un attribut des guerriers, des prêtres, des marchands et des propriétaires, seuls citoyens parce que seuls solvables, donc seuls libres. *La liberté est une propriété privée.*

On en trouve la traduction dans l'évolution des rituels et des cérémonies. Dès le monde crétois, la fête n'est plus seulement occasion de prières, recherche d'immortalité, mais prétexte à libération des contraintes du divin, lieu d'un mime chanté, dansé, joué, d'une autre réalité plus belle, plus douce, plus libre, simulacre d'une réalisation de l'utopie humaine, sociale et politique. Plus tard, à Rome, le carnaval fera vivre la fête non plus comme un simple simulacre d'utopie de Liberté, mais comme un moment privilégié où chacun peut se choisir un masque indépendamment des contraintes de naissance, d'âge, de sexe et de fortune.

Pendant tout le premier millénaire, l'utopie hésite en Europe entre l'éternité divine et celle des puissants. Avec Constantin, elle s'identifie à celle de l'Empire devenu chrétien. Puis surgissent des utopies mi-humaines, mi-divines, monastères et couvents, sociétés théocratiques mimant sur Terre le royaume de Dieu pour en accélérer la venue. Avec le féodalisme apparaît un autre idéal, fait de liberté, d'égalité, de fraternité élitaire : la *chevalerie*, qui assure à chaque brave l'immortalité par la gloire du nom.

Avec les premières foires, la Terre promise devient véritablement humaine ; la quête de la Cité de Dieu est remplacée par celle des libertés, du commerce, de la pensée, de l'art, de la fortune, de la propriété.

Contre l'économie féodale et ses contraintes, le marché s'installe peu à peu comme l'expression la plus accomplie de la liberté. Ceux qui y travaillent se considèrent comme à l'avant-garde d'un monde nouveau. Le marchand devient libre d'avoir un nom, d'être propriétaire, de faire fortune, et bientôt, dans la ville échappée à l'emprise du couvent et à celle du seigneur, libre de décider du sort de la Cité.

Le marché s'érige ainsi en nouvelle loi naturelle, réalisant un ordre idéal pour chacun qu'il s'agit de faire respecter en se débarrassant des contraintes féodales et corporatives et en se protégeant de ceux qui en sont exclus. S'installe alors une cohérence pragmatique entre propriété privée et liberté individuelle, entre libertés économique et politique des propriétaires.

La généralisation de l'écrit, depuis longtemps déjà moyen de transmission des paroles sacrées, permet maintenant d'imposer un droit nouveau, distinct de celui de Dieu : l'écrit ne se limite plus aux Écritures.

Son règne commence avec la naissance du roman, par essence récit de voyage vers un lieu idéal. Le premier d'entre eux, écrit au XIIᵉ siècle en français à partir de sources celtes du siècle précédent, célèbre justement une utopie chevaleresque : le voyage à la cour du roi Arthur, roi celte mythique du VIᵉ siècle. D'autres suivront, jusqu'au *Don Quichotte* de Cervantès où il n'est question que de l'utopie et de la façon de la vivre, à la fois critique de l'idéal chevaleresque bousculé par le capitalisme naissant et louange adressée à tous les rêveurs du monde — tous ceux qui marchent, entêtés, vers leur liberté.

Désormais, les utopies ne sont plus seulement des mythes ou des commentaires théologiques, mais des livres rédigés par des laïcs identifiables, penseurs, marchands, gueux ou grands seigneurs.

Toutes ces expériences pragmatiques convergent en 1625 dans le texte fondateur de toutes les utopies de la Liberté : le *De jure belli ac pacis* de Grotius, qui proclame que l'homme ne doit pas obéir à une quelconque Loi divine, mais choisir les lois les mieux adaptées à son temps, organiser la compatibilité entre libéralisme économique et liberté politique, marché et démocratie, propriété privée et intérêt général.

Alors commence un des rares moments où l'écriture des utopies s'enchevêtre avec leur mise en œuvre, où les actes bousculent les stratégies, où les peuples devancent leurs théoriciens les plus audacieux.

À partir du milieu du XVIIᵉ siècle, trois grands penseurs anglais, Hobbes, Locke et Smith, expliquent, chacun à sa façon, que le bonheur est toujours égoïste et que la liberté est inséparable de l'appropriation privée des biens. Autrement dit, que la première des libertés, celle du commerce, se confond avec le droit de propriété et avec les moyens de le garantir.

Mais ils s'opposent sur la compatibilité entre libéralisme économique et libertés politiques.

En 1651, à l'apogée de la dictature cromwellienne, convaincu que l'homme, de par son égoïsme, est prêt à tout pour s'enrichir, et que seule la peur peut le retenir d'abuser de la liberté, Hobbes ne voit pas d'autre façon de faire fonctionner efficacement le marché qu'une dictature politique.

En 1690, peu avant la création de la Banque d'Angleterre, Locke tente de démontrer qu'au contraire, seule la démocratie parlementaire, héritée de la pensée grecque, permet au marché des biens et services de fonctionner correctement. Pour lui, « l'amour de la richesse est bénéfique à la société s'il est bien orienté, alors que la charité est plutôt nuisible, car elle entretient la paresse ». Il imagine une société où la liberté s'exercerait à la fois par la loi du marché pour les décisions privées, et par l'élection d'un Parlement pour les choix collectifs.

En 1776, année de la déclaration d'indépendance des États-Unis d'Amérique, Adam Smith précise avec force détails les conditions de fonctionnement du marché libre. En même temps, Bentham mesure le bonheur de l'homme à l'argent qu'il possède. D'autres donneront bientôt mille et une versions du libéralisme selon qu'ils mettront l'accent sur telle ou telle dimension de la nouvelle élite — marchande, industrielle, financière ou technicienne.

Pourtant, très vite, quelque chose ne tourne pas rond dans cette utopie. Même parmi les plus égoïstes des marchands de la Renaissance, ou les plus optimistes des aventuriers américains, chacun constate tous les jours, sur toutes les foires, dans tous les ports, que le marché ne crée pas les conditions de la liberté pour tous, qu'il accule les masses paysannes et ouvrières à la misère. Pis encore, du point de vue des riches, le marché, en créant des pauvres, met en danger leur propre exercice des libertés, et d'abord leur droit de propriété. Il faut donc pousser plus loin encore l'utopie vers l'Égalité, dans l'intérêt bien compris de la Liberté.

Histoire de l'Égalité

Comme les deux précédents idéaux, celui-ci est né il y a plusieurs millénaires chez des nomades. Pour voyager, ils devaient rester légers et la propriété privée ne les préoccupait guère. Ils pensaient à leur monde comme à un univers d'égaux et employaient souvent le même mot pour dire « le mien » et « le tien ».

Puis l'égalité disparut dans les empires organisés autour de hiérarchies. Elle ne réapparaît qu'avec la réflexion grecque sur la meilleure organisation de la Cité humaine, mais de façon incidente. Car, si la *démocratie* est avant tout un attribut de la liberté (le droit pour la collectivité de décider librement de son destin) et si elle est réservée aux hommes libres, aux propriétaires, elle relève aussi, accessoirement, de l'égalité (un homme, une voix).

L'exigence d'Égalité s'impose enfin avec le monothéisme qui nivelle les droits à l'éternité en les reconnaissant à tous, pauvres, princes, guerriers ou prêtres, et qui fournit l'occasion d'une première réflexion sur les insuffisances de la liberté : pour punir les douze tribus libérées de l'esclavage d'avoir adoré le Veau d'or, pour les empêcher de laisser les injustices se développer sur la Terre promise, la Loi définit avec précision les conditions dans lesquelles les tribus devront partager également les terres et les corvées à Canaan ; elle impose la mise en friche des terres tous les sept ans, et leur restitution tous les quarante-neuf ans à leurs propriétaires initiaux. Pour éradiquer la pauvreté résiduelle, elle érige la solidarité en impératif, plus catégorique même que tout devoir religieux. L'égalité devient le premier instrument au service de l'éternité.

Pourtant, au VIIIe siècle avant notre ère, à peine mise en application dans le royaume de David, cette première utopie égalitaire se révèle impraticable. Ses principes exigeants sont si peu respectés que les inégalités s'accumulent et que l'empire s'effondre moins de deux siècles après sa création. Isaïe écrit alors : « Malheur à ceux qui ajoutent maison à maison, champ à champ, jusqu'à ce qu'il n'y ait plus de place pour les pauvres ! » La Loi redevient une utopie égalitaire, cette fois nostalgique, pour un peuple à nouveau dispersé, porteur du souvenir de son échec et attendant de retrouver une nouvelle chance.

Dans le Nouveau Testament, tous les hommes sont aussi égaux devant Dieu, parce qu'ils le sont à leur naissance et dans la mort, et parce que — argument nouveau — Dieu est lui-même égal en trois personnes. Faible, nécessairement humble, le pauvre est même le préféré de Dieu, alors que le riche s'éloigne de Lui par orgueil : « Faites du bien et prêtez sans rien attendre en retour », dit Luc. Et Marc menace : « Il est difficile à celui qui a des richesses d'entrer au Royaume de Dieu. »

Tout le premier millénaire de l'ère chrétienne est parcouru par ces apocalypses, dénonciations, menaces, prophéties, réclamations contre la misère, refus sourcilleux de l'injustice, parfois même rejet et traque exigeante de toutes les différences.

À partir du VIᵉ siècle, les ordres religieux concrétisent cette exigence égalitaire dans les monastères où tout est uniforme et indifférencié dans la pauvreté.

À partir du XIIIᵉ siècle, l'ordre marchand est menacé par ceux que la campagne ne nourrit plus et par ceux que la ville ne nourrit pas encore.

Les riches prennent peur. En s'inspirant de l'exemple de l'enfermement monacal égalitaire, ils parquent les pauvres dans des fabriques et des hôpitaux. L'égalité devient un instrument de police.

D'autres, allant beaucoup plus loin, imaginent des sociétés tout entières fermées, sans riches ni pauvres. Des sortes de cités-monastères où tous, hommes et femmes de raison, fidèles de Dieu, auraient les mêmes revenus, porteraient les mêmes vêtements, exerceraient les mêmes pouvoirs, acquerraient les mêmes connaissances, parfois même vivraient une sexualité égale et offriraient une identique apparence physique. Sociétés autistes, surveillées, censurées, où toute différence constituerait un blasphème, où chacun serait prémuni contre la jalousie par l'éducation.

La première de ces utopies — la plus importante, peut-être — fait l'effet d'un coup de tonnerre dans l'Europe du XVIᵉ siècle : Thomas More, grand seigneur anglais, conseiller influent d'Henri VIII, publie en 1516 un petit livre en latin, *De optimo reipublicae statu deque nova insula Utopia*. Commencé vers 1496, traduit en anglais seulement en 1551, cet essai va avoir des conséquences incalculables sur l'histoire des idées européennes.

Non pas seulement à cause de la personnalité de son auteur, homme de pouvoir et rebelle, grand mystique et intellectuel critique qui ose prendre le parti des pauvres de son pays (« Que peuvent-ils faire d'autre que voler, et alors d'être pendus avec toutes les formes légales, ou d'aller mendier parce que personne au monde ne veut leur donner du travail ? ») ; non pas seulement non plus parce qu'il crée le mot *Utopie* pour désigner le pays imaginaire où il situe la société dont il rêve ; mais surtout parce qu'il raconte avec un humour féroce et une amertume ravageuse comment, dans une contrée évidemment imaginaire, une révolution a dépossédé les grands propriétaires fonciers au profit de la communauté, comment la richesse est devenue égale pour tous, comment chacun a obtenu le droit de vote, le droit d'accès à l'art, le droit au travail à raison de six heures par jour, selon un principe d'alternance des tâches.

Premier analyste des classes sociales, Thomas More est aussi le premier dans l'Occident moderne à concevoir et à projeter une révolution radicale. Même si, après lui, bien d'autres proposeront des voyages imaginaires, bien peu exerceront un pareil impact sur l'imaginaire collectif. Immense figure, peut-être l'une des plus hautes du millénaire, More a osé annoncer l'avènement d'une société terrestre où tous les hommes et toutes les femmes se vaudraient. Et il eut le courage de proclamer que même si une telle société n'était peut-être pas possible ici et maintenant, elle pouvait du moins être imaginée et devenir ainsi plausible, revendicable.

Celui qui parlait ainsi n'était pas un obscur rebelle ignare, mais le plus grand seigneur de son pays, par ailleurs assez courageux pour choisir de mourir plutôt que de renoncer à sa foi. D'autres, après lui, parfois sans le savoir, s'inspireront de lui en écrivant, en agissant et en mourant pour la justice et l'équité.

C'est d'abord le cas de Tommaso Campanella. Même si personne ne pouvait être plus différent de son inspirateur anglais que ce moine calabrais, fils d'ouvrier, poète et aventurier, lui aussi rêva de l'édification d'une Cité idéale où tous les êtres humains pourraient vivre en égaux. Mais, à la différence de l'*Utopia* de More, la *Cité du Soleil* de Campanella est une société hiérarchisée, répressive, dictatoriale, sans exploitation ni profit. Tommaso ajoute aussi à Thomas l'obligation de mobiliser les ressources du progrès technique pour réduire la peine des hommes (il rêve par exemple de bateaux à roues). Il propose ainsi la première utopie perfectible, utopie-promesse plus qu'utopie cristallisée.

Après lui, pas une seule utopie qui ne se nourrisse des promesses de la science. En 1621, Thomas Burton, dans son *Anatomie de la mélancolie*, imagine ce que pourrait être un État moderne utilisant les grands travaux et la science pour fournir du travail à tous. Un peu plus tard, Francis Bacon, dans sa *Nouvelle Atlantide*, décrit une société elle aussi entièrement occupée à réaliser les potentialités de la science ; il devine la génétique et propose de rassembler tous les savoirs dans un institut scientifique unique.

Pendant ce temps, dans les villes du continent, de Gênes à Amsterdam, le pouvoir n'est certes plus aux nobles, mais il n'est pas non plus aux savants. Les plus riches marchands imposent la poursuite de leur idéal de liberté incarné dans le marché. Et leurs victimes, petits propriétaires ruinés par eux, revendiquent alors la démocratie pour tenter de reconquérir ainsi leur liberté perdue. Première confrontation de la démocratie et du marché...

Vers 1640, en Angleterre, un groupe de commerçants et de petits propriétaires crée les *Niveleurs*, premier mouvement politique à contester la légitimité du pouvoir royal : en s'inspirant de Thomas More, ils rêvent d'une

« société chrétienne » où seraient décrétées la soumission des rois et reines aux lois, la fin des juridictions d'exception, la liberté du commerce ; y serait même mise en place une république égalitaire au sein de laquelle chacun, *homme ou femme, propriétaire ou non*, aurait le droit de voter pour l'élection régulière de députés.

En 1648, à l'apogée du conflit entre Cromwell et la monarchie anglaise, les plus extrémistes de ces contestataires, les *Piocheurs*, réclament l'abolition de la propriété privée et la prison pour les propriétaires. Les uns et les autres échouent dans l'effusion de sang. Deux ans plus tard, la République est abolie, la monarchie restaurée. Le marché l'a emporté sur le rêve démocratique.

D'autres reprennent le combat. Dans un livre effrayant de lucidité écrit en 1726, Swift imagine la visite par un géant de mondes étranges. Dans l'un d'eux, les hommes, devenus immortels, souffrent d'une sénilité indéfinie. Dans un autre, les bons animaux ont domestiqué des hommes dégénérés, les Yahoos, qui, malgré leur science et leur sens du commerce, n'ont su créer que mendicité et vagabondage parce qu'ils n'ont pas su se défaire de leur vice principal, l'orgueil.

En 1721, Montesquieu, dans les *Lettres persanes*, décrit un peuple de Troglodytes vivant naturellement dans l'égalité absolue : « Le peuple troglodyte se regardait comme une seule famille : les troupeaux étaient presque toujours confondus ; la seule peine qu'on s'épargnait ordinairement, c'était de les partager. » Rousseau affirmera de même sa nostalgie d'un état de nature où « les fruits sont à tous, et la terre n'est à personne ». Et, selon Jacques Brissot de Warville, l'égalité ne peut être restaurée qu'en réduisant les libertés et en revenant à l'état de nature où la propriété était collective.

Mais l'égalité fait peur. Et l'aventure des *Piocheurs* a frappé tous les esprits. Beaucoup de ceux qui protestaient contre les injustices choisissent en fait la Liberté contre l'Égalité. Montesquieu aussi bien que Locke revendiquent ce choix : l'inégalité est moins dangereuse que le despotisme ; l'égalité doit se limiter à un « droit égal à la liberté », à la vie, aux richesses. Et, pour concilier liberté et égalité, ils proposent de s'en tenir à la *démocratie*, qu'ils nomment maintenant *République* lorsqu'ils veulent combiner la protection des libertés et celle de l'intégrité d'un territoire.

D'autres préfèrent encore pourtant l'égalité à la liberté. Puisque, à l'évidence, la liberté aggrave les inégalités, il faut, disent-ils, la restreindre pendant les quelques générations nécessaires à la rééducation des élites et à l'élimination de l'orgueil. D'aucuns encore proposent de censurer éternellement toute expression de la liberté qui ferait obstacle à l'égalité.

En développant cette thèse au milieu du XVIIIe siècle, l'étonnant Morelly énonce une utopie totalitaire dont s'inspireront maints acteurs de la Révolution française, puis du mouvement socialiste. Pour lui, le goût de la liberté et l'égoïsme (sous toutes ses formes, de l'avarice à l'indifférence) sont tels que l'homme ne peut par lui-même vouloir l'égalité. Il faut la lui imposer, le forcer à accepter le droit égal des autres au bonheur en instaurant le règne de ce que Morelly appelle un *Code de la nature* : une éducation nationale, laïque et également dispensée à tous les enfants, qui les débarrasse de l'égoïsme et de l'esprit de propriété, et qui limite le rôle des familles ; une économie planifiée où le travail et les vêtements sont répartis par décret, le commerce interdit, le travail agricole obligatoire entre vingt et vingt-cinq ans, et où toute richesse est devenue propriété publique. D'après ce *Code*, tout citoyen est rémunéré par la société, participe selon ses forces à l'utilité publique et exerce le pouvoir politique par roulement.

Chez Morelly comme dans toutes les dictatures futures, le mensonge gît au cœur de l'ordre totalitaire : son *Code* n'en est justement pas un, mais, au contraire, le produit d'une construction volontaire, un artefact politique, baptisé « naturel » par antiphrase. Ses livres, *La Basiliade* et surtout le *Code de la nature*, publié en 1755, inspireront Rousseau, Diderot, les Jacobins et le mouvement socialiste jusqu'à Fourier et Marx. Tocqueville, le visionnaire sceptique, l'anti-utopiste par excellence, y verra non sans quelque emphase la matrice de tous les totalitarismes.

Un des disciples de Morelly, l'abbé Mably, prolonge son œuvre radicale. Étrange personnage, secrétaire d'un ministre du Régent, diplomate en même temps que révolutionnaire radical et exigeant, il refuse un fauteuil à l'Académie française « pour ne pas avoir à prononcer un éloge menteur ». En 1768, dans ses *Doutes sur l'ordre naturel et essentiel des sociétés*, il décrit une société égalitaire dont — à la différence du modèle de Morelly — la famille serait la base, car « le commandement du père est désintéressé et l'obéissance des enfants volontaire ».

Un peu après lui, en 1770, un de ses imitateurs, Louis-Sébastien Mercier, connaîtra un certain succès en publiant le premier véritable roman de science-fiction, *L'An 2440*, où une humanité florissante et égalitaire, placée sous le règne de la Raison et de l'Industrie, est gérée par un pouvoir bienveillant d'où sont bannis tous ceux qui veulent penser hors de la science officielle : nouvelle apologie de la fermeture, de la censure et du totalitarisme comme instruments de l'égalité.

À la fin du XVIIIe siècle, partout en Europe les crises économiques et le progrès industriel creusent les inégalités. Les sociétés marchandes tremblent sur leurs bases. Il faut choisir son camp. Voltaire et Rousseau se résignent aux inégalités. Dans son *Dictionnaire philosophique*, le premier proclame : « Il est impossible, dans notre malheureux globe, que les hommes vivant en société ne soient pas divisés en deux classes, l'une d'oppresseurs, l'autre d'opprimés. » Quant au second, il propose un *Contrat social* où des inégalités tolérées permettent l'exercice des libertés.

À l'inverse, Condorcet affirme que l'égalité « de fait » des droits politiques est le « dernier but de l'art social ».

Désormais, le combat des utopies n'est plus un jeu de l'esprit. Les canons tonnent, les tambours roulent, les peuples grondent. On va mourir pour elles.

Les utopies à l'œuvre

Les utopies commencent d'abord à se réaliser en Amérique, terre neuve, *terra incognita* comme en rêvait Thomas More. Bien avant qu'Alexis de Tocqueville y voie l'avenir du monde, *elle devient utopie de l'Égalité au sud et de la Liberté au nord.*

Au début du XVIIᵉ siècle, au Paraguay, des jésuites, pour protéger les Indiens Guarani des marchands d'esclaves, fondent des « réductions », sortes de cités idéales imitées de Thomas More et de ce que les conquistadores avaient retenu de l'ordre inca. L'enseignement religieux s'y accompagne d'une propriété collective des biens de production et d'une organisation sociale impitoyable. Les Indiens constituent d'excellents cobayes. Jusqu'à inquiéter suffisamment Rome pour qu'en 1768 l'ordre soit chassé de tous les territoires espagnols, ce qui signe du même coup la fin de cette première expérience de société égalitaire en vraie grandeur.

À la même époque, en Virginie, des émigrés anglais, français et hollandais rêvent, eux, de créer une société d'hommes libres, débarrassés de l'obscurité féodale européenne. Comme celle de l'Égalité au sud, l'utopie de la Liberté ne peut se bâtir au nord qu'en reposant sur une amnésie. Les nouveaux ressortissants imaginent pouvoir faire table rase, rompre avec les colonisateurs. Mais c'est sur une question beaucoup plus prosaïque qu'ils obtiendront gain de cause : le montant des impôts à payer à la Couronne britannique...

Toutes les réflexions des siècles antérieurs sur la liberté trouvent alors brusquement leur aboutissement. En trois décennies fiévreuses, elles convergent dans une formidable floraison de textes et de constitutions dont on retrouve l'essentiel dans les documents de Jefferson et dans les discussions de Philadelphie, jusqu'à la Déclaration d'indépendance de 1776. Celle-ci commence par proclamer le droit à « la jouissance de la vie et de la liberté, l'accession et le droit à la propriété, la recherche et la jouissance du bonheur et de la sécurité... » Tout est dit.

À la même époque, en France, la Révolution s'annonce non pas comme la résultante d'espérances convergentes, mais, au contraire, comme le choc de trois utopies contradictoires : l'une, réactionnaire et nostalgique, celle de paysans brisés par la montée des villes et qui cherchent à restaurer un ordre répétitif, éternel ; l'autre, libérale, celle des bourgeois qui entendent commercer et s'exprimer ; et la dernière, radicale, celle des ouvriers qui rêvent de renverser bourgeoisie et noblesse.

Les bourgeois dominent les débuts de la Révolution et, dans la Déclaration des droits de 1789, la liberté précède l'égalité : « Les hommes naissent libres et égaux en droits. » À l'inverse, la Déclaration de 1793, rédigée conjointement par des Girondins et des Montagnards (essentiellement par Condorcet et Robespierre), proclame d'abord l'égalité, puis « la liberté, la sûreté, la propriété ». Son article premier affirme que le but de toute société est le « bonheur commun » et que le gouvernement est institué pour « garantir à l'homme la jouissance » de ses droits, c'est-à-dire pour le moins — selon l'étrange expression ultérieure de Robespierre — la « pauvreté honorable ».

Au demeurant, les auteurs de la Déclaration de 1793 ne sont pas vraiment d'accord entre eux : les Girondins veulent une société de « liberté illimitée », alors que les Montagnards rêvent d'une République dont tous les citoyens se considéreraient comme membres d'une même famille, garantissant à chacun un « droit à l'existence [...] aussi sacré que la vie elle-même », même s'il faut pour cela attenter au droit de propriété. Les plus radicaux d'entre eux réclament l'instruction gratuite et la nationalisation des banques ; le « modique salaire » et les « petites épargnes » des pauvres constitueraient alors des propriétés « d'autant plus sacrées » que « l'intérêt à la conservation de sa chose est proportionné à la modicité de sa fortune » ; les avoirs des riches ne seraient protégés que si ceux-ci prenaient la responsabilité d'être les « économes de la société » et les « frères du pauvre ». Et comme il est vraisemblable qu'ils n'en feront rien, il faut, par la Terreur, « forcer les riches à être honnêtes ». Ce que l'historien Albert Soboul appellera joliment « le despotisme de la liberté ».

Malgré l'échec de Robespierre, un de ces extrémistes, l'arpenteur François Babeuf, dit Gracchus, pousse jusqu'à son extrême l'utopie égalitaire. Inspiré de chrétiens révolutionnaires tels que l'abbé Boissel et Jacques Roux, il prépare un coup d'État visant à mettre en place une dictature au programme expéditif : appropriation collective de tous les biens, interdiction du commerce, élimination de la monnaie, travail obligatoire, subsistance garantie à tous, logement identique pour tous, destruction des villes existantes (en attendant d'en construire de nouvelles, « le soir de la révolution, les pauvres seront logés dans les appartements des riches »).

Quand la Révolution s'achève dans les extravagances du Directoire, elle n'aura accouché,

sur le terrain de l'égalité, que d'une redistribution des terres entre les petits paysans, et de
quelques lois prophétiques mais à peine appli-
quées sur l'éducation, la santé et l'égalité
devant les services publics.

La Révolution sombre alors, avec l'idée
même de République, dans les exigences des
guerres napoléoniennes.

Naissance du socialisme

Tout au long du XIXe siècle, pendant que les
propriétaires conquièrent peu à peu quelques
libertés — d'abord marchandes, puis politiques
—, la misère et l'ignorance poussent au réveil
des idéaux égalitaires de More, Campanella,
Morelly et des Montagnards. Partout en Europe
et aux États-Unis, des militants ouvriers
(comme le serrurier Moreau, le tailleur Grignon,
le typographe Leroux, le forgeron Gosset), des
patrons modernistes comme Robert Owen, des
intellectuels comme Joseph Fourier ou Claude-
Henri de Saint-Simon, des catholiques comme
Lamennais et Ozanam, bâtissent des projets de
sociétés plus ou moins égalitaires. Pour les désigner, un nom s'impose, dès son apparition dans
une lettre d'Edward Oppen à Robert Owen :
socialisme. Au même moment, Cabet, dans son

Voyage en Icarie, invente une formule qui frappera elle aussi durablement les imaginations : « À chacun selon ses besoins. »

Ces projets sont presque aussitôt expérimentés par leurs pragmatiques promoteurs, sans même attendre leur traduction dans des lois. En 1808, Fourier annonce la fin du salariat, l'avènement de l'autogestion, la prééminence de l'agriculture sur l'industrie ; il propose en même temps la création de caisses d'épargne, et recommande de regrouper les travailleurs, selon leurs aspirations, en *phalanstères*, coopératives dont tous seraient propriétaires. Dans le même élan, il prévoit l'imminence de progrès scientifiques aussi définitifs que la « découverte chez tous les hommes d'un sixième sens », et celle d'un « acide boréal » qui donnerait à la mer un goût de limonade !...

En 1814, l'industriel américain Robert Owen dessine les plans de *New Lanark*, une ville ouvrière idéale, puis il la crée et y installe les premières coopératives de producteurs et de consommateurs, qu'il nomme « villages de coopération ».

Proudhon, qui veut « brûler la propriété à petit feu », propose de basculer sans transition du capitalisme dans une société à la fois égalitaire et libertaire. Quand la révolution de 1848 libère pour quelques mois les énergies utopiques, il passe à l'action et réussit à faire créer quelque trois mille coopératives qui disparaîtront toutes en moins d'une dizaine d'années. L'année suivante, Louis Blanc, premier socialiste membre d'un gouvernement, crée des « ateliers nationaux », première concrétisation de l'appropriation collective de l'industrie annoncée plus de trois siècles auparavant par Thomas More. Là encore, l'expérience sera de courte durée.

Un autre utopiste de la même époque, Claude-Henri de Saint-Simon, reste dans le domaine du rêve : il imagine « un monde gouverné par la raison », où chacun aiderait « à l'amélioration de la classe la plus pauvre sous le rapport moral et sous le rapport physique ». Il propose que le pouvoir économique soit confié dans chaque pays aux chefs d'entreprise organisés d'après leurs mérites, et que le pouvoir spirituel et politique échoie aux Académies des sciences. Le monde serait gouverné par ce qu'il appelle le *Conseil de Newton*, composé de vingt et un savants élus par l'humanité entière, sans critère de nationalité. Première utopie mondialiste...

Marx reprendra l'idée. Pourtant, c'est à peine un utopiste, plus intéressé à démontrer l'inéluctabilité de la victoire du socialisme qu'à décrire son ultime organisation. Pour lui, après l'effondrement du féodalisme, précipité par la Révolution française, le capitalisme mondial prospérera jusqu'à périr à son tour du fait de sa propre croissance, et laissera la place à une société socialiste planétaire : « Poussée par le besoin de débouchés toujours nouveaux, la bourgeoisie envahit le globe entier. Il lui faut s'implanter partout, exploiter partout, établir partout des relations. » Dans ses livres de jeunesse, distinguant entre liberté réelle et liberté formelle, illusion fabriquée par les rapports sociaux, il rêve à « l'abolition de la propriété bourgeoise, la création d'un homme nouveau, total, réconcilié avec lui-même et avec la nature », une société où les producteurs seraient en autogestion, où les rapports de classe auraient cessé et où aurait disparu la nécessité de la dictature, du pouvoir et même de l'État. Puis, tout occupé à comprendre comment passer dans un seul pays du capitalisme à la dictature provisoire du prolétariat, Marx s'attarde de moins en moins à décrire cet idéal à ses yeux inéluctable.

Les utopies égalitaires fleurissent alors, rouges ou noires : démocraties exigeantes, dictatures de transition ou anarchisme festif. Elles vont de la Commune de Paris à la Colonne de Fer des banlieues de Barcelone, de Buenaventura Durruti à Madrid à Nestor Makhno, en

Ukraine, sans qui Trotsky n'aurait peut-être pas gagné la guerre civile contre les armées blanches. Encore aujourd'hui, dans l'imaginaire collectif du mouvement socialiste, ces tentatives avortées, souvent écrasées dans le sang, conservent une aura considérable : à elles au moins, nul ne saurait reprocher une déviation totalitaire.

Car, pendant ce temps-là, se prépare la mise en place des totalitarismes du XXᵉ siècle à travers d'interminables débats sur l'efficacité économique respective des utopies de la Liberté et de l'Égalité.

Les uns, conduits par Walras et Pareto, prétendent démontrer que non seulement le marché est la forme la plus parfaite d'exercice de la liberté en économie, mais qu'il permet aussi la répartition la plus efficace des ressources et la meilleure satisfaction des consommateurs.

Les autres, menés par Boukharine et Lénine, répliquent qu'au contraire le marché, en raison de l'appropriation privée des profits, ne peut que conduire à des déséquilibres, c'est-à-dire à des gaspillages et à du chômage. C'est par la planification centralisée qu'il sera possible de répartir de façon efficace les ressources entre les entreprises et les travailleurs.

C'est sur ces doctrines que va se construire d'abord le socialisme soviétique. Bien que Lénine souhaite mettre en place un capitalisme d'État — sur le modèle prussien — et en faire un des acteurs sur le marché, Staline nationalise l'ensemble des moyens de production, éliminant physiquement tous les acteurs du marché, classes sociales dangereuses, et transformant l'utopie en cauchemar.

Au même moment, en Allemagne, le national-socialisme pousse vers un autre extrême l'idéologie égalitaire, en se fondant lui aussi sur le modèle prussien, mais en recherchant cette fois non pas l'égalité matérielle, mais l'uniformité ethnique.

L'effondrement de ces deux totalitarismes aurait sans doute dû interdire à jamais de reparler de socialisme. Tel ne sera pas le cas. Par ses succès concrets en Europe occidentale, l'utopie égalitaire, devenue pragmatique sous le nom de « social-démocratie », se fixe désormais pour idéal de faire progresser à la fois la démocratie et *l'égalité devant les risques de la vie*, dans des conditions économiques, technologiques et culturelles sans cesse en mouvement. Elle y parvient : dans ces pays, les risques liés aux accidents du travail, à la vieillesse, au chômage, à la maladie sont à présent à peu près également couverts pour la plupart des citoyens, hormis les plus pauvres.

Et ce régime demeure aujourd'hui le seul compromis disponible entre Liberté et Égalité. Il restera au prochain siècle le mouvement politique le plus important jusqu'à ce que la victoire du marché sur la démocratie interdise d'imposer aux minorités riches toute forme de solidarité.

L'Égalité et la Liberté entrent en collision à leur paroxysme. Elles ne peuvent survivre qu'en trouvant les conditions de leur simultanéité : dans la Fraternité.

Histoire de la Fraternité

Dans son énoncé le plus simple, tiré du sens commun, on peut la définir comme l'attitude par laquelle chacun s'engage à ne pas nuire à autrui, même si c'est pour réaliser une des utopies précédentes. Si on limitait là sa définition, elle ne serait qu'une utopie négative, une protection contre la violence ; elle ne constituerait pas une espérance de bonheur ou d'épanouissement.

En allant un peu plus loin et en s'en tenant encore à ce que l'étymologie annonce, on peut la définir comme un ordre social dans lequel chacun aimerait l'autre comme son propre frère.

Mais il faut se méfier de l'étymologie : aimer les autres comme on aime son frère ne constitue en rien une garantie d'amour. Car tous les mythes nous le crient : l'amour ne caractérise nullement la relation naturelle entre membres d'une même famille, et surtout pas entre frères. Au contraire, entre ces derniers, c'est plutôt la haine qui est de règle.

Pourtant, l'idée selon laquelle les frères sont des êtres privilégiés les uns pour les autres est très ancienne. En fait, à considérer tous les mythes, elle s'est construite à l'envers : dans l'état de nature, les frères se haïssent, et ce n'est qu'à l'avenir, quand on aura réussi à faire en sorte que *même les frères* se supportent, qu'on aura vraiment éradiqué la violence. *La Fraternité est un but de civilisation, pas un état de nature.*

Dans presque tous les mythes fondateurs, personne n'a de pire ennemi que son frère, si ce n'est son père qui, craignant une alliance des frères contre lui, prend parfois les devants et les tue, à l'instar de Chronos qui les dévore. Beaucoup de civilisations commencent par le récit du meurtre d'un père par ses fils, ou vice versa, ou encore de frères entre eux. Ainsi la Fraternité débute-t-elle parfois dans la culpabilité commune, dans la complicité de meurtre.

Comment expliquer cette violence naturelle entre frères ? Les mythes répondent tous d'une même voix : *la haine vient de la ressemblance.* C'est parce que leurs désirs sont les mêmes — mimétiques — que les frères sont rivaux et dangereux l'un pour l'autre. Pour la conquête de la mère ou dans leur relation avec le père.

Curieusement, on ne trouve pas trace, dans les mythes, de la même haine entre sœurs. Et il y a d'ailleurs rarement, dans une langue, un même mot pour désigner à la fois les frères et les sœurs. Si l'on parle de « fratricide », de « parricide », de « matricide », il n'existe pas de mot pour nommer le meurtre d'une sœur. Comme si la sororité ne comportait pas les mêmes dangers que la fraternité...

Les mythes précisent alors qu'une société se meurt quand les hommes y oublient de se méfier de leurs frères. Aussi les codes sociaux protègent-ils très soigneusement les frères les uns des autres. Leurs échanges de biens, les règles de l'héritage sont rigoureusement équilibrés par l'institution du droit d'aînesse et par un partage strict des compétences. Dans nombre de sociétés premières, pour protéger les enfants de leur père, on les confie au clan des femmes, en particulier aux frères de leur mère.

Parfois, comme dans le cas de Rome, c'est la fondation même d'une ville ou d'une civilisation qui découle de la victoire d'un frère sur un autre.

ÉTERNITÉ, LIBERTÉS, ÉGALITÉS, FRATERNITÉS

La Bible aussi souligne que la violence naît du désir mimétique. Elle fait même de l'élimination de la rivalité entre frères, du plaisir trouvé à la réalisation des aspirations du frère, les conditions nécessaires et suffisantes de l'avènement du Messie. Toutes les grandes bifurcations de l'humanité, telles que la Bible en rend compte, sont même le résultat de conflits entre frères : Abel et Caïn, Jacob et Esaü, Isaac et Ismaël, Joseph et ses frères, tous ces couples antagoniques symbolisent des alternatives majeures de l'histoire humaine — entre le sédentaire et le nomade, le fidèle et le païen, le sage et le rebelle, le révolté et le soumis. Et chaque victoire d'un frère sur l'autre oriente la condition humaine dans une direction menant, à travers nous, à l'avènement du Messie.

Ce n'est d'ailleurs qu'à la fin de l'exil, après la sortie d'Égypte, au moment où, dans le désert du Sinaï, le peuple nomade approche de sa Terre promise, qu'apparaît dans la Bible le premier couple de frères non rivaux, parce qu'ayant chacun besoin de la réussite de l'autre pour accomplir leur propre tâche : Moïse et Aaron. L'aîné, Aaron, n'est pas jaloux de ce que son cadet ait été choisi par Dieu pour être son prophète et Moïse, qui ne peut s'exprimer, a besoin d'Aaron pour parler au peuple. Par leur relation, ils créent alors ensemble les conditions de l'avènement des temps messianiques ; ils donnent un sens nouveau et plein à la Fraternité, celui qu'elle a aujourd'hui : *se réjouir de la réussite de l'autre.*

Leur relation change l'histoire du peuple juif. Elle annule ce qui précède. D'ailleurs, tous leurs contemporains meurent avant d'entrer en Terre promise, sauf Aaron qui, par sa survie même, souligne le rôle de la Fraternité dans l'accomplissement du message messianique.

La Fraternité est ensuite magnifiquement exprimée par le commandement du Lévitique : « Si ton frère vient à désobéir, si tu vois chanceler sa fortune, soutiens-le, fût-il étranger et nouveau venu ; et qu'il vive avec toi » ; puis par celui d'« aimer son prochain comme soi-même ». Il faut, pour y parvenir, franchir trois obstacles : commencer par s'aimer soi-même, ensuite aimer les autres, enfin aimer les autres comme soi-même.

Bien d'autres passages bibliques éclairent cette conception de la Fraternité et le rôle qu'y jouent Moïse et Aaron. Par exemple, la Loi biblique dit qu'un père a tout pouvoir sur ses enfants, jusqu'à ce que Moïse lui interdise de les tuer, organisant de façon très rigoureuse le partage de l'héritage entre tous les fils. Zacharie rêve d'une société où tous les hommes s'aimeraient comme des frères, eux-mêmes censés s'aimer plus que les autres hommes. Le Psaume 133 (« Qu'il est bon pour des frères... ») présente, avec la splendide métaphore de la rosée du mont Hermon, la Fraternité comme un lien céleste venant unir les hommes.

La Loi précise d'ailleurs que la Fraternité doit être organisée de telle façon que non seulement celui qui donne en soit heureux, mais que celui qui reçoit ne soit pas humilié. Une des plus belles idées de la Bible : un bureau, caché dans le Temple, permet aux Justes de donner en secret et aux pauvres de recevoir anonymement.

Un commentaire talmudique veut même que Jérusalem ait été fondée là où deux frères avaient décidé de s'aider l'un l'autre sans se le dire, créant ainsi une situation d'égalité involontaire.

A contrario, c'est dans le combat entre frères que se défait le royaume d'Israël. Et, réciproquement, c'est par l'avènement de la paix entre frères que s'annonceront les temps messianiques. Le Messie étant le fils de Dieu comme tous les autres hommes, il est frère de tous les hommes et leur rappellera leur Fraternité.

La succession des quatre utopies est ainsi celle des grands moments de la Bible. Abraham, c'est l'Éternité ; le désert, c'est la Liberté ; le royaume d'Israël, c'est l'Égalité ; la Fraternité viendra avec le Messie.

Les Évangiles approfondissent cette attente jubilatoire de la Fraternité. Jésus est le premier à appeler « frères » ses disciples. Il se nomme lui-même « fils de l'homme », et donc frère de tous les hommes. Par sa venue, il proclame que tous les hommes, jusques et y compris les frères, seront capables d'amour.

Au total, la Fraternité apparaît dans la Bible et dans les autres textes fondateurs du monothéisme comme l'ensemble des conditions permettant à tous les hommes, et donc même aux frères, d'oublier leurs rivalités intrinsèques pour s'aider, s'aimer, se tolérer dans leurs différences et leurs aspirations, prendre du plaisir à la réussite de l'autre, être heureux du bonheur de l'autre.

Longtemps cette notion restera cantonnée pour l'essentiel dans le discours judéo-chrétien. Elle apparaît pourtant çà et là, par exemple, évidemment, chez Platon, premier fabricant de sociétés idéales, qui voulait que personne ne sache identifier père et mère, afin que tous, se croyant frères, répugnent à user de violence les uns envers les autres. Puis chez Sénèque quand il écrit : « Vivre, c'est être utile aux autres. » On la trouve surtout dans le discours des ordres religieux, puis, à partir de l'an mil, dans celui du compagnonnage et des confréries. Dans beaucoup de langues, tel l'anglais, « confrérie » *(brotherhood)* et « fraternité » *(fraternity)* sont synonymes et utilisés indifféremment par les associations d'artisans. Chacun y a intérêt à la valeur de l'autre, et chaque maître aide chaque compagnon (chaque frère) à réussir des épreuves initiatiques. Les confréries se développent jusqu'à constituer une menace pour l'Église, laquelle entend se réserver le monopole de la Fraternité. Le concile d'Avignon du 13 juin 1326 interdit les confréries laïques (« c'est-à-dire les réunions de ceux qui se donnent le nom de Frères »). En vain : en 1722, la Fraternité sera au cœur des Constitutions d'Anderson qui établissent l'ordre maçonnique.

Pourtant, elle reste un concept flou, subjectif, imprécis ; aucune utopie entièrement tournée vers la réalisation de la Fraternité n'est écrite, encore moins expérimentée ou transcrite en programme politique. Ni Thomas More, ni Tommaso Campanella, ni aucun autre auteur d'utopie ne s'en empare, du moins explicitement. La Fraternité semble être une illusion réservée aux Églises et aux confréries, hors de portée de l'action politique. Et de toute façon non mesurable, purement subjective, à la différence de la Liberté et de l'Égalité.

Emmanuel Kant est l'un des rares à en parler ouvertement, à la fin du XVIIIe siècle, sous le nom d'« hospitalité universelle », théorisant ainsi

131

le plaisir éprouvé à recevoir l'étranger, à exercer un devoir d'hôte, à faire le bien sans rien attendre en retour.

Quand s'annonce le siècle des Lumières, la Fraternité n'est plus présente dans le débat intellectuel européen que comme une vague référence morale propre aux confréries et aux sociétés secrètes. Elle n'est plus que chrétienne et franc-maçonne. On parle du Christ comme de l'inventeur de la « douce fraternité ». Bossuet proclame que « Dieu a établi la fraternité des hommes en les faisant tous naître d'un seul ». Mirabeau affirme que « la liberté générale bannira du monde entier les absurdes oppressions qui assemblent les hommes, et fera renaître une fraternité universelle ». L'*Encyclopédie*, elle, ne la mentionne même pas. Et pourtant, la Révolution française aura cette intuition majeure dont on commence seulement à percevoir l'immense portée : à savoir que la Liberté et l'Égalité sont incompatibles sans la Fraternité.

Liberté, Égalité, Fraternité

La Révolution française est une succession d'utopies avortées. La première, celle de la Liberté, s'efface le 10 août 1792. À partir de là, la Commune de Paris date ses actes de « l'an IV de la Liberté, 1ᵉʳ de l'Égalité ». Jusqu'à ce que la Convention mette à son tour en avant la Fraternité.

En 1789, la Fraternité est déjà dans tous les esprits. La réunion des États généraux vise à une « union fraternelle » des trois ordres ; Mirabeau voit dans la prise de la Bastille « le début de la fraternité entre les hommes » ; en 1790, La Fayette propose, dans son serment du Champ-de-Mars, « d'unir tous les Français par les liens indissolubles de la fraternité » ; les fêtes de la Fédération visent à « fraterniser », c'est-à-dire à unir toutes les classes sociales, à « regarder tous les peuples comme des frères », à établir une sorte de solidarité défensive contre les dangers extérieurs (la « patrie » est étymologiquement un regroupement de frères) et à conjurer les menaces de conflit entre les plus pauvres, dont le soutien est recherché par toutes les autres factions. Un article additionnel de la Constitution de 1791 parle de la Fraternité, véritable utopie, comme du résultat attendu des fêtes nationales et de l'éducation. Robespierre évoque même l'idée d'en finir avec les nations et d'aller vers une société fraternelle planétaire, qu'il nomme l'« immense cité de Philadelphie ».

À partir d'avril 1791, elle change de nature, glisse de l'universalité à l'exclusion en deve-

nant un signe d'appartenance et de reconnaissance propre aux sociétés révolutionnaires,
comme dans la franc-maçonnerie et les confréries. On s'y salue comme « ami et frère », et
l'on signe « Salut et Fraternité ».

L'idée d'intégrer le mot dans un slogan mobi-
lisateur semble pouvoir être attribuée à un inté-
ressant second rôle de la révolution parisienne,
Antoine-François Momoro. Cet imprimeur
extrémiste, compagnon de route d'Hébert — le
très radical rédacteur du *Père Duchesne* —, fait
don de tous ses biens à la Révolution, voyage
à travers la France pour répandre la bonne
parole, et propose, entre autres réformes, la
fixation d'un maximum du prix du blé et la
nationalisation de toutes les terres. En 1790, au
cours d'une réunion du Club des cordeliers, il
suggère de faire de « Liberté, Égalité, Fraternité » une devise révolutionnaire. Encore proche
des hébertistes, Robespierre reprend l'idée à son
compte et propose de broder les deux expres-
sions « le Peuple Français » et « Liberté,
Égalité, Fraternité » sur les uniformes et les
drapeaux de la Garde nationale. Mais il n'est
pas suivi. À l'époque, les slogans à la mode sont
encore « la Nation, la Loi et le Roi », et un peu
plus tard de « la Nation, la Liberté et l'Égalité ».
On commence pourtant à entendre crier dans
quelques rues de Paris : « Liberté, Égalité,

Fraternité ou la Mort ! » Comme si, plus la Révolution se faisait sanglante, plus elle avait besoin de rassurer en parlant de Fraternité.

En septembre 1792, Roland accueille les conventionnels nouvellement élus en leur rappelant que leur première tâche sera de proclamer la République, « une seule et même chose que la Fraternité ».

En 1793, la Fraternité n'est plus qu'un moyen d'exclure les nobles, les traîtres, les « faux frères ». Et si, entre frères, il faut encore fraterniser, c'est surtout pour guetter, chez les frères eux-mêmes, l'apparition de « mauvais penchants ». « La Fraternité ou la mort ! » devient un slogan à double sens : il faut à la fois mourir pour défendre le groupe et obliger les frères à ne point s'éloigner de l'orthodoxie sous peine de mort. On trouve sur des façades à Paris : « Unité, Indivisibilité de la République ; Liberté, Égalité ou la mort ! » Et enfin : « Liberté, Égalité, Fraternité ». La Terreur s'installe ainsi au nom d'une Fraternité bien éloignée de celle de 1790.

Comme pour ratifier cette tragédie, Momoro est arrêté avec Hébert, le 13 mars 1794, et guillotiné onze jours plus tard pendant que son chef se suicide.

Sous le Directoire, la Fraternité n'est plus qu'une image affadie de la Révolution, une synthèse de ses accomplissements et de ses échecs, dans laquelle même l'Église peut se retrouver.

Au XIXᵉ siècle, la méfiance à l'égard de la Raison et le retour des idées chrétiennes poussent à réhabiliter la Fraternité comme une façon d'éviter la lutte des classes tout en limitant l'individualisme. Lamennais la revendique comme justification de la justice sociale.

Michelet en fait le principe central de sa lecture de la Révolution française. À ses yeux, la Fraternité accomplit la Liberté et l'Égalité. Elle est, selon lui, terrestre, laïque, sans relation avec un péché originel ou une quelconque grâce. « La Fraternité, écrit-il, c'est le droit par-dessus le droit ». Et encore : « La Révolution, fille du christianisme, a enseigné la Fraternité pour le monde, pour toute race, toute religion qu'éclaire le soleil. »

Un peu plus tard, Louis Blanc, dirigeant socialiste forcé par l'exil à se faire historien de la Révolution, voit en elle l'aboutissement socialiste de l'idéal révolutionnaire, au-delà de la Liberté et de l'Égalité qui ne sont pour lui que des revendications individualistes.

Le triple slogan réapparaît en 1849, peut-être à l'initiative de Lamartine, comme le « principe » de la nouvelle République, quand le Comité de rédaction de la Constitution créé le

17 mai écrit dans un préambule de huit articles :
« La République française est démocratique et indivisible. Elle a pour principe la Liberté, l'Égalité et la Fraternité. Elle a pour base la Famille, le Travail, la Propriété, l'Ordre Public. » On l'inscrit alors au fronton des édifices publics en même temps que les prêtres célèbrent le « Christ Fraternité » et bénissent les « arbres de la Liberté ».

La devise disparaît sous le Second Empire. Quand revient la République, on discute longuement de son rétablissement : la droite craint que l'Égalité ne débouche sur le socialisme, la gauche se méfie de la connotation chrétienne de la Fraternité. Personne n'a oublié la Commune de Paris. Au printemps 1880, après huit ans de débats, la Chambre des députés rétablit pourtant comme devise de la République cette magistrale synthèse de toutes les utopies humaines.

CHAPITRE V

L'avenir de l'utopie

*« À moi aussi la jouissance ici-bas, puis-
qu'il n'y en a pas d'autre ! À moi la Terre,
puisque le Ciel est vide ! À moi et à tous,
puisque tous sont égaux ! »*

Y a-t-il encore place aujourd'hui pour des utopies après tant et tant de crimes perpétrés en leur nom ? Quelles forces les porteront ? Quel rapport proposeront-elles à la mort, à la souffrance, à la passion, à la foi, à l'espérance, à la générosité, à la douceur, au bonheur ? Quelles réponses apporteront-elles aux défis d'aujourd'hui ? En quelles nouvelles barbaries risqueront-elles de déraper encore ? Peut-on concilier les différentes utopies et, en particulier, peut-on espérer à la fois la Liberté *et* l'Égalité ?

Le marché semble assurer aujourd'hui la victoire définitive de la Liberté sur l'Égalité et sur l'Éternité. Pourtant, cette prééminence d'une utopie sur les autres ne sera pas plus durable que les précédentes. Parce que la Liberté n'est, pour l'immense majorité des humains, qu'une notion théorique, un objectif inaccessible ; pour beaucoup, la liberté des autres est même l'ennemie de leur survie. Parce que la demande d'Égalité devant les risques sera de plus en plus forte et les injustices de plus en plus criantes.

Le temps est-il alors revenu d'un nouveau compromis entre Égalité et Liberté ? Ou bien faut-il s'attendre à ce retour du religieux si souvent annoncé ? Ou encore espérer en un ordre social radicalement neuf, capable de concilier toutes ces utopies contradictoires : la Fraternité ?

Imminence d'une utopie nouvelle

Tous ceux qui pensent qu'il faut désormais renoncer à toute utopie, s'interdire de penser à un monde parfait, ne plus espérer que dans une société capricieuse, précaire, à la recherche effrénée du nouveau, sans autre projet que d'évoluer par la créativité de ses membres sont en fait, sans le savoir, en train de bâtir une nouvelle utopie. Ceux-là qui ne pensent plus à l'avenir que comme l'imprévisible résultat d'un choc entre le mouvement de la science et celui des nationalismes, et dans lequel le mouvement lui-même — l'« ouverture », disait Karl Popper — constituera l'ultime idéal disponible, font de la Liberté leur ultime utopie.

D'autres arrivent au même résultat non plus par le détour du scepticisme, mais par celui du désespoir. Confrontés à la dictature de l'argent, à la violence des ghettos, à l'impossibilité de changer leurs vies, ils revendiquent la liberté de ne pas s'intégrer, de ne pas réussir, de ne pas se révolter. Cette attitude, libertaire jusqu'à l'autisme, est perceptible dans une partie des musiques des jeunesses du monde — *grunge* de Throbbing Gristle, d'Oasis, *rap* d'Ice Cube, de Ghetto Boys, de Niggers With Attitude. On l'entend aussi dans le *gangsta rap*, dans son homologue jamaïcain le *gur talk*, dans la *techno* et le *rave*, dérision de l'abstraction, fuite dans la transe, sortie de soi, hystérie *hard core*...

Par leur négativité même, ces discours de résignation, ces attitudes de fuite face à la réalité annoncent l'utopie comme un manque.

De nouvelles utopies vont alors apparaître. Sous forme de musiques, de graphismes, de méditations religieuses, de réflexions théoriques, d'évidences nécessaires. Elles façonneront des systèmes de valeurs, des régimes politiques. De nouveau des gens crieront « *I have a dream* », comme naguère Martin Luther King, ou chanteront « *Imagine* », comme John Lennon. Certains lanceront des pierres pour détruire ; d'autres les rassembleront pour construire. Voici comment.

La nostalgie utopique

La première des utopies sera tout simplement une demande de passé, une nostalgie de l'éternel retour, traitant l'Histoire comme un futur virtuel, rejoignant en fait la demande d'Éternité : la nostalgie commence avec le Jardin d'Éden.

D'abord, au faîte de son triomphe, le marché, dans son cynisme sans bornes, commercialisera de la nostalgie. On voit déjà s'imposer des versions « actualisées » de vieilles chansons, de vieux films, de voitures anciennes, de meubles d'époque, d'avions à hélice entièrement reconditionnés pour permettre le vol aux instruments. Grâce à Internet, le dédale des brocantes prendra des proportions planétaires. Vont se développer une industrie des reliques industrielles, une autre des produits du terroir préparés à l'ancienne — petites madeleines d'une illusoire abondance perdue...

On assistera au retour à de vieilles identités. Les régions rechercheront les langues et légendes des provinces d'autrefois, les familles fouilleront leur histoire. Chacun, faute d'avenir visible, se lancera dans la quête désespérée de son passé. De très anciens métiers referont florès, du brocanteur au généalogiste, du relieur au tanneur. Tout ce qui est *ancien* sera qualifié d'*authentique*. Quant au *neuf*, il sera dénoncé comme *faux*.

Cette formidable subversion du marché par le marché, cette façon de remonter le temps pour le vendre, affectera aussi le politique. Les pays menacés de déclin feront de la nostalgie une utopie, soit pour recouvrer une puissance perdue en regardant vers l'avenir (comme l'Union européenne, nourrie des nostalgies de puissance des anciens empires qui la constituent), soit pour tout miser sur des entités perdues, idéalisées avec le temps, en reprenant d'anciennes appellations, d'anciens parlers, à la recherche d'une pureté imaginaire. Le fascisme, le national-socialisme, le franquisme, le péronisme étaient des utopies de la nostalgie. D'autres s'annoncent aujourd'hui, au nom de fières jeunesses absentes, dans les pays les plus humiliés ou les plus vieux. Au Japon, en Russie, en Chine, beaucoup en rêvent. Des sectes y mobiliseront des dizaines de millions d'adeptes autour d'un projet prétendant assurer le retour à des valeurs anciennes, comme fait déjà, en Chine, avec un énorme succès, la secte du Falungong.

Au-delà de la nostalgie, Éternité, Liberté, Égalité nourriront, chacune à sa manière, des forces d'espérance ou de nouvelles dictatures. Chacune s'inventera de nouvelles dimensions.

D'ores et déjà, elles fournissent une formidable grille de lecture des mouvements de l'avenir.

Avenir de l'Éternité

L'utopie de l'Éternité, la première de mémoire d'homme, n'a évidemment jamais disparu de l'imaginaire collectif, surtout pas là où les pouvoirs politiques ont tout fait pour la briser. Aujourd'hui, alors que s'effacent les dictatures explicitement athées, que le marché et la démocratie imposent l'apologie du réversible, les hommes ont plus que jamais besoin d'entendre parler d'Éternité, et les Églises recouvrent leurs capacités et ardeurs prosélytes. Personne ne se risque à parler de l'avenir sans rappeler l'évidence d'un « retour du religieux », comme s'il avait jamais cessé d'être.

D'abord, on trouvera évidemment des ersatz d'éternité sur le marché : lui qui dévore tout, y compris les autres utopies, proposera aux consommateurs des substituts de plus en plus variés à l'Éternité. Pour les uns, la *célébrité* continuera d'être une façon d'espérer durer dans le souvenir des autres et d'obtenir par là une parcelle d'immortalité. Pour les autres, le spectacle des *stars* restera une façon de vivre par procuration ce semblant d'éphémère éternité. *Le spectacle demeurera l'illusoire mise en scène du royaume des dieux.*

Les objets eux-mêmes seront des simulacres d'éternité. Depuis toujours, l'appropriation est une façon de gérer la peur de la mort. On accumulera de plus en plus d'objets de distraction pour se brancher sur d'inépuisables réserves virtuelles de livres, de disques, de films, de jeux, de programmes, dont l'usage prend du temps, comme pour conjurer le risque de mourir avant de les avoir visitées.

Les Églises proliféreront, mêlant de plus en plus les croyances les plus diverses en d'improbables métissages théologiques. Des milliers de messies, gourous, marchands d'avenir, sectes et officines de mise en condition physico-spirituelle promettront des lendemains meilleurs et proclameront que ce monde-ci n'a pas de sens, mais qu'il en existe un ou plusieurs autres où tout n'est que lait et miel. À condition de « vivre juste », diront les uns ; de « mourir en Juste », diront les autres.

On assistera au retour de très vieilles pratiques conjuguant éternité et nostalgie. Des religions aujourd'hui assoupies, des sacrifices oubliés, des formes ensevelies d'animisme, de panthéisme, de polythéisme, de glorification de la nature, du temps, de l'eau, retrouveront tout leur lustre. On mêlera des religions judéo-chrétiennes avec des valeurs d'Orient pour tenter d'avoir à la fois l'immortalité du monothéisme et l'éternel retour du bouddhisme. Des Églises réexerceront assez d'influence, dans les pays les plus développés, et d'abord aux États-Unis et en Europe du Nord, pour orienter les systèmes éducatifs et la recherche scientifique. Il est déjà des pays où le darwinisme n'est plus enseigné que comme une hypothèse, et d'autres où l'on tue des jeunes filles pour les empêcher d'aller à l'école.

Entre ces différentes versions de la même utopie, les conflits seront brutaux. Sanglants, même, en particulier là où les Églises pourront incarner peu ou prou l'identité nationale, et là où une Église sera menacée par d'autres plus puissantes et voisines. Le retour du religieux entraînera celui des guerres de religion. En particulier là où l'Islam, l'orthodoxie et le catholicisme se mêlent deux à deux : dans les Balkans, en Asie centrale, en Asie orientale.

Beaucoup dépendra des hommes et des femmes qui les incarneront, et notamment de ceux qui auront à s'exprimer au nom des diverses formes de monothéisme. Avec pas mal de charisme et de foi véritable, ils pourraient réconcilier tous les fils de Dieu, rassembler toutes les religions issues d'Abraham en une vision unifiée, tolérante d'elles-mêmes et des autres. En particulier, ils pourraient avoir la bonne idée de faire de Jérusalem, patrimoine commun de tous les peuples du Livre, la première cité dont les habitants n'auraient pas à être citoyens d'un seul pays. On pourrait à tout le moins imaginer que deux États, israélien et palestinien, s'y retrouvent par l'instauration d'une double citoyenneté grâce à quoi chacun pourrait habiter chez l'autre sans cesser de se sentir chez soi. Une utopie urbaine et théologique.

Naïveté ? Bons sentiments ? En tout cas, la seule façon d'assurer concrètement la durabilité de la paix en un lieu où on ne peut faire de géopolitique sans messianisme.

Si tout cela advenait, l'espérance d'éternité prendrait une force d'exemple à laquelle peu de sociétés laïques, peu de richesses matérielles pourraient résister.

Mais si l'homme n'a pas d'autre façon d'être heureux que de devenir lui-même Dieu, alors il se tournera vers la science pour tenter d'accéder à l'éternité. Pour cela, il voudra obtenir le *droit à la cryogénisation* pour bénéficier des réussites ultérieures de la médecine, et surtout le *droit au clonage* et même à des collections de soi ; on trouvera de bonnes raisons pour laisser se développer le commerce des clones afin de se consoler de la perte d'êtres chers ou de pouvoir redonner vie à des espèces animales en voie de disparition. On en fera une industrie où la sexualité tiendra le premier rôle. Il deviendra peut-être un jour possible de répliquer dans son double la mémoire de son propre passé : on discutera alors des droits exercés sur le clone par celui qui le produit ou le commande. On restaurera l'esclavage, ou du moins l'usage réservé de chimères.

Personne n'imagine encore qu'on puisse jamais cloner la conscience de soi, seul élément de la personne qui restera mortel. Mais, si l'on y parvenait un jour, l'Éternité ne serait plus alors une utopie collective ni une espérance de salut individuel, mais une marchandise réservée aux plus riches. On pourrait réussir l'impossible : acheter sur le marché sa propre renaissance. L'utopie de l'Éternité ne serait plus qu'un sous-produit de celle de la Liberté.

Avenir de la Liberté

Lorsque la globalisation des marchés aura entraîné celle des idéologies, les utopies se succéderont à l'échelle mondiale comme elles l'ont fait au sein de chaque nation. On passera d'abord par une demande de liberté, jusqu'à la victoire du marché mondial sur la démocratie des nations. Puis viendra le temps des utopies égalitaires à l'échelle planétaire. Quand la solitude deviendra par trop intolérable, alors la Fraternité s'annoncera, elle aussi inéluctable autant qu'impossible.

L'utopie de la Liberté, dominante aujourd'hui, n'a pas fini de produire des rêves. Un immense terrain d'aventures s'ouvre devant elle pour généraliser le marché, dieu abstrait et infaillible, et pour défendre la démocratie, fragile abstraction. Jusqu'à la victoire probable, sur une planète libertaire, de la dictature marchande.

La première manifestation de la Liberté a été — et sera encore — la fragmentation des nations par le refus des minorités d'accepter la tutelle des majorités. Dès 1848, le *nationalisme* a constitué en Europe une des formes principales de l'utopie de la Liberté, jusqu'à trouver en 1896, avec le *sionisme* de Theodor Herzl, une expression très particulière, à la fois invention d'une nation et retour d'un peuple sur une terre perdue. Demain, la poursuite de ces fragmentations identitaires conduira à des sécessions euphoriques et à des hécatombes épouvantables, dont Timor, à l'heure où j'écris, constitue un intolérable symbole.

La manifestation essentielle de la Liberté a été — et sera de plus en plus — *l'exacerbation de l'égoïsme et de la cupidité*, le refus de tout objectif altruiste et de toute responsabilité collective, l'obsession de la réussite individuelle, la glorification du plaisir solitaire et une juxtaposition d'autismes au détriment de la démocratie. Elle prétendra pouvoir fournir à tous une *opportunité* de se « réaliser » en trouvant un travail nécessairement précaire — un travail, pas un emploi.

On distinguera d'innombrables libertés : celles de faire un choix, de s'exprimer, de ne pas avoir peur, de posséder les moyens de survivre, de croire en ce que l'on veut, — mais surtout de consommer. *Toutes les libertés* seront glorifiées : celles d'avoir des familles multiples et simultanées, de vivre une sexualité réelle ou virtuelle, humaine ou dénaturée. Mais aussi et surtout celle d'espérer être aimé.

On pourra tout acheter sur le *marché* : drogue, passeport, organe, enfant, clone, esclave volontaire. (Déjà, on a vu des individus tenter de vendre aux enchères sur le Net un nouveau-né ou des organes !) Ce sera la fin des marques, le début des objets nomades personnalisés, de la publicité sur mesure, des utopies individuelles. On assistera à plusieurs spectacles en même temps. Le *et* remplacera le *ou*.

Les couples homosexuels pourront obtenir des enfants par adoption, par procréation médicalement assistée ou par clonage. Il sera licite d'avoir des enfants seul ou au sein de plusieurs couples à la fois. On vendra la mise en scène des libertés les plus contradictoires : celles de la mort, de la puissance, de la sexualité, etc. On pourra échanger des droits de vie et de mort : droits au suicide, à la mort médicalement assistée, à des organes de remplacement, etc.

La *distraction* deviendra une façon de vivre par procuration une utopique liberté ; les jeux de société sont déjà des simulations de liberté (par exemple, depuis longtemps, le Monopoly, simulation d'un marché immobilier idéalisé) ; les jeux vidéo sont déjà des voyages virtuels en utopie (ainsi *Sim City*). On pourra bientôt se distraire en voyageant virtuellement, en trois dimensions, vers le Jardin d'Éden ou l'Eldorado, en parcourant des utopies labyrinthiques virtuelles aménagées sur mesure, où l'on sera nabab ou ermite, tortionnaire ou héros, dictateur ou révolutionnaire, star ou artiste maudit, maître de harem ou pensionnaire de maison close. On pourra vivre à plusieurs à l'intérieur d'une même virtualité, voire s'y installer durablement sans avoir jamais besoin d'en sortir, même pour se nourrir — un peu comme ces îliens vers lesquels on revient toujours lorsqu'il est question d'utopie.

Ultérieurement, la technologie débouchera peut-être sur des formes encore plus folles de liberté marchande permettant d'échapper aux contraintes matérielles par la transmission de pensée, le voyage virtuel, la télékinésie ; permettant de vouloir autre chose que ce que l'on veut, de penser hors des limites de la raison. Au-delà du maquillage, du tatouage, des implants, du piercing, de la chirurgie esthétique, il deviendra peut-être un jour possible de modifier non seulement son apparence, mais aussi sa mémoire, sa culture, de choisir d'être autre, de jouer au carnaval avec ses propres clones, de leur choisir des noms, des passés, des traits de caractère. Le marché poussera à un pluralisme de soi. On pourra acheter le droit de transférer sa conscience dans le clone d'un autre. Pour vivre, par exemple, à l'intérieur du corps et de la mémoire du double d'un être aimé, admiré ou haï. Fusion absolue, ultime liberté : celles d'un carnaval des esprits.

Bien avant que ces fantasmes soient possibles et même concevables, le monde deviendra un marché global dépourvu d'institutions régulatrices. Les entreprises, et d'abord les fonds de pension auxquels elles appartiendront, en assureront le contrôle. Les frontières seront défaites, la loi sera remplacée par le contrat, la justice par l'arbitrage ; les États, même les plus puissants, renonceront à contredire les marchés, et les institutions démocratiques s'effaceront devant des services privés de santé et d'éducation.

Le Net annonce déjà ce monde pur, sans odeur, sans impôt, sans même d'indigènes à convertir. Hors de l'espace et du temps, virtuel, où chacun, étant partout chez soi, pourra satisfaire simultanément et sans barrières morales ses désirs les plus contradictoires. Les inégalités s'y creuseront entre quelques riches, une énorme classe moyenne et une cohorte de pauvres plus nombreuse encore.

L'utopie de la Liberté fera alors apparaître le besoin d'un État démocratique mondial, au moins pour assurer le fonctionnement efficace des marchés, maîtriser l'encombrement produit par l'exercice simultané des libertés, protéger la propriété privée et garantir contre les monopoles.

Là encore, cette fois à l'échelle mondiale, la Liberté aura besoin, pour survivre, d'une dose d'Égalité. Mais il y a gros à parier que cet État ne sera pas, puisque le rôle sera — est déjà — implicitement dévolu aux États-Unis, ultime puissance géopolitique.

Pour ce qui restera de la politique, l'exigence de liberté conduira à remplacer dans chaque pays les processus de représentation ou de délégation par des votes directs et permanents sur le réseau. L'exercice des fonctions de service public sera confisqué par les plus riches, seuls capables, en économie de patrimoine, de financer des campagnes électorales. Jusqu'à ce qu'un jour le marché en vienne à imposer la mise aux enchères des postes publics.

Risque alors d'éclater un conflit entre les entreprises mondiales et le pouvoir politique américain.

Le marché remplacera totalement la politique pour gérer l'ordre social. La société voudra tout savoir des risques génétiques de chacun et faire payer à chacun sa couverture sociale en fonction de ces risques, voire d'éliminer par avance ceux dont la mort probable se révèlerait la plus coûteuse. On éliminera avant sa naissance tout embryon dont la carte génétique annoncera que le coût prévisible de sa future vie dépasserait une certaine limite par suite des maladies dont il pourrait être atteint. La peur du pouvoir sera remplacée par celle du manque.

Apparaîtront symétriquement des rébellions contre cette autosoumission : elles sont déjà à l'œuvre en mille endroits. Par exemple, de façon brutale, dans l'*Otaku*, contre-culture japonaise du mal-être des jeunes cloîtrés devant leur écran, obsédés par les réseaux ; ou, très différemment, dans le *Feng-sue*, art de vivre chinois, récupération du bouddhisme, destiné à fuir les normes de l'ordre marchand par la recherche de la beauté.

Au total, la Liberté ne mettra pas fin à l'Histoire ; elle conduira à l'exacerbation de nouvelles formes d'exclusion sociale et d'inégalité des chances. Le XXIe siècle ne s'achèvera pas sans une révolte générale des plus pauvres.

Avenir de l'Égalité

Nul besoin de beaucoup d'imagination pour prévoir, dans ces conditions, un retour en force de l'utopie égalitaire. On entendra encore parler — peut-être sous d'autres appellations — de communisme et de socialisme. Mais, surtout, de ce que nous dénommons ici et maintenant *social-démocratie.*

Les leçons de l'Histoire auront enseigné que l'utopie de l'Égalité ne peut plus être l'apologie de l'uniformité, mais qu'elle devra se borner à réduire des inégalités en respectant des libertés. Et qu'elle est même absolument nécessaire à la Liberté. Au moins en tant qu'égalité des chances, égalité devant la loi, égalité devant le vote. Mais il sera de plus en plus difficile, pour un pays donné, d'assumer seul l'égalité devant les risques.

Une fois le capital devenu volatil, nomade, se déplaçant au gré du régime fiscal auquel il est soumis, tout pays devra respecter les règles de la concurrence mondiale. Et la charge de l'égalité devant les risques pèsera d'un poids très lourd sur la rentabilité des capitaux.

Aussi la social-démocratie n'a-t-elle pas d'autre avenir que de choisir entre une forme particulière de libéralisme — un *social-libéralisme* — et une *redistribution sociale de marché* où il sera encore possible d'attendre de l'État la réduction de la durée du travail, une assurance contre les risques nouveaux, et la mise en place d'une couverture médicale et éducative universelle. Ce sera de plus en plus difficile quand les progrès du savoir et de la science élèveront le coût d'un niveau minimal de santé et d'éducation. Autrement dit, la réduction des inégalités devant les risques coûtera de plus en plus cher, et exigera des transferts sociaux de plus en plus importants, impossibles à maintenir dès lors que le capital est nomade. On pourra compenser cette impossibilité par des discriminations positives en faveur des minorités ethniques, sexuelles et sociales, imposer des quotas dans les universités ou les postes publics.

Encore cette voie ne sera-t-elle praticable et efficace qu'à condition d'utiliser les mêmes armes que le marché. C'est-à-dire en s'instaurant au niveau continental et en y transférant des instruments de redistribution. Dans les vingt prochaines années, certains voudront faire de l'Europe, premier ensemble multinational, la première social-démocratie continentale. Pour y parvenir, ils devront unifier les régimes de protection sociale. Le combat se mènera là, entre systèmes publics et privés. Entre l'égalité devant les risques et la liberté de se protéger à sa guise, entre la sécurité sociale et les fonds de pension.

Puis, quand le marché et la technologie auront contribué à l'avènement d'une véritable conscience planétaire, quand, au milieu du siècle prochain, les inégalités seront devenues absolument intolérables et dangereuses pour les plus riches, l'ensemble des partis sociaux-démocrates du monde pourra proposer l'extension de ces instruments de redistribution à l'échelle de la planète.

Certains proposeront la transformation du monde en une sorte de *Cité du Soleil* planétaire afin que, comme dans celle de Campanella, chacun ait un travail, un logement et de quoi élever sa famille.

D'autres réclameront pour le moins un *contrôle mondial sur les monopoles* de l'eau, du pétrole et des industries de base. Et, surtout, l'appropriation collective des grands fonds de pension qui se seront approprié plus de la moitié de la richesse mondiale.

D'autres proposeront le *partage égal du revenu mondial* entre tous les Terriens, ce qui reviendrait à garantir aujourd'hui à chacun l'équivalent de huit mille euros par an, soit la moitié du revenu moyen annuel des Français.

Dans une version à peine plus réaliste de l'utopie égalitaire, d'autres suggéreront de n'autoriser que les inégalités qui ne lèsent personne. Pour ce faire, ils proposeront la mise en place d'un *revenu minimal pour chaque Terrien*, distribué par chaque État et financé par des transferts entre nations riches et pauvres, voire par un impôt mondial sur les transactions financières. On fixerait par exemple ce revenu minimal au cinquième du revenu moyen des habitants de chaque pays. Le coût n'en serait pas inaccessible (de l'ordre de 3 % du produit mondial). Mais, pour le financer équitablement, il faudrait pouvoir collecter des impôts sur l'ensemble de la planète, éliminer tous les paradis fiscaux et contrôler le versement des revenus occultes complémentaires. Il faudrait aussi qu'il soit possible d'assurer à chacun un accès égal à l'éducation de base et aux services sociaux minimaux, dont les coûts seront croissants.

Évidemment, la mise en place de telles réformes se heurterait aux mêmes obstacles — en pire — que ceux rencontrés lorsque certains voulurent les réaliser à l'échelle d'un seul pays.

L'AVENIR DE L'UTOPIE

Au total, les trois sortes d'utopies iront toutes vers une impasse. L'Éternité restera inaccessible, l'extension quais infinie du marché rendra la Liberté intolérable, celle de la démocratie poussera à une montée quasi illimitée des dépenses publiques. Bientôt se cumuleront l'explosion des transferts sociaux parmi les classes moyennes et la fuite des riches devant la solidarité. La Liberté et l'Égalité, comme dans un duel au pistolet, se seront abattues l'une l'autre.

D'uatres, enfin, proposeront alors, plus modestement, de rechercher leur paradis dans des entités plus petites, dans des sortes de *social-démocraties urbaines*. Ceux-là nommeront utopie, par antiphrase, des lieux bien réels où il fera bon vivre, et les donneront pour modèles au reste du monde.

Lieux utopiques :
deux continents, cinq villes

De l'Allemagne à l'Espagne, du Chili au Cambodge, de la Chine à la Russie, de nombreux pays, au moins une fois au cours de leur histoire, en général pour le malheur de leurs habitants, se sont prétendus des pionniers, des phares de l'humanité.

Aujourd'hui, le marché dresse à son tour une sorte de *hit-parade* des nations d'après leur richesse ou selon le nombre des touristes qui les visitent.

Les îles, on l'a vu, seront les premiers candidats naturels à la localisation des utopies. Terres d'élection de la liberté marchande en tant que paradis fiscaux, lieux des ultimes régimes égalitaires et bastions du socialisme expérimental, elles restent les vitrines du discours utopique. En particulier, les Caraïbes concentrent curieusement aujourd'hui le catalogue le plus varié des sociétés données pour parfaites : il n'y a vraiment pas loin des Caïmans à Cuba, ni de Guyana à Moustique !

Pour l'essentiel, cependant, demain comme hier, les principaux lieux de désir seront là où les opportunités individuelles et collectives seront les plus grandes. Et d'abord, dans le siècle à venir comme au cours des cinq siècles passés, aux États-Unis et en Europe.

Bien que Tocqueville ait décrit les Américains comme « nés égaux au lieu de le devenir », et vivant sous « un despotisme doux [...], celui de la similitude et de l'absence d'élite », les États-Unis continueront d'être le lieu d'expérimentation de toutes les libertés, de réalisation de toutes les opportunités. Au moins en donneront-ils encore l'image par leur cinéma, leurs produits et leurs publicités. Et le resteront-ils longtemps pour l'hyperclasse du monde.

Depuis des siècles, l'*Europe occidentale* est elle aussi une utopie pour ceux qui, venus du Sud, espèrent, en s'y établissant, échapper à la misère. Pour autant, elle n'a pas conscience d'être en soi une utopie : on parle de « rêve américain », jamais de « rêve européen ». Elle pourrait cependant en faire naître un : celui de regrouper tous les pays du continent en un ensemble fédéral doté d'un Parlement, d'un gouvernement, de moyens de politique étrangère, de défense et de culture, respectant les spécificités de chacun, afin de permettre à une social-démocratie continentale de s'inventer en actes.

Deux continents, deux façades atlantiques, deux bifurcations du destin européen, l'une vers la Liberté, l'autre vers l'Égalité. Mais l'une comme l'autre toutes relatives.

Pour d'autres, ces deux continents apparaîtront comme trop vastes, trop divers et trop imparfaits pour pouvoir incarner vraiment une utopie. La *ville* sera, demain plus qu'hier, le lieu privilégié de l'utopie, où les diverses exigences se mêlent et se résolvent en d'harmonieux compromis. Un lieu porteur d'éternité : la ville est le seul être vivant capable de rajeunir vraiment.

Chacun a en tête des lieux plus précis, sources d'inspiration et refuges du monde.

Chacun en garde le secret pour ne pas les faire sombrer et dégénérer sous le nombre des visiteurs : le pire ennemi d'une utopie est l'encombrement.

S'il fallait établir mon propre palmarès en mêlant mes préférences aux critères que j'ai définis, je nommerais ainsi les cinq laboratoires urbains de l'avenir : Jérusalem, New York, Paris, Singapour et Rio de Janeiro.

De la première ville, j'ai déjà parlé plus haut. D'autres mériteraient de s'inscrire dans sa lignée : Ispahan, Rome, Moscou, pour ne pas citer Palenque ou Borobudur.

New York, loin d'être une mégalopole à la dérive, est la ville où tout se crée, où tout s'invente, où toutes les marques, tous les produits universels trouvent leurs vitrines. Utopie de la Liberté avant tout. (Avec une utopie dans l'Utopie : un petit carré entre Central Park et Soho...) Au-delà même des produits et des richesses, ville globale, métissée, lieu de rencontres, carrefour de toutes les populations venues y chercher fortune, de tous les artistes venus y chercher la gloire. La moins occidentale des villes du monde occidental, à la différence de Londres ou de Los Angeles, elles aussi villes d'émigrés, mais l'une et l'autre juxtaposition d'isolements, de quartiers segmentés par ethnies, bunkers de riches jouxtant des ghettos de pauvres. Mieux encore que la Silicon Valley, qui produit aujourd'hui un nouveau millionnaire en dollars toutes les vingt minutes, New York incarne l'utopie de la Liberté du marché.

Singapour incarne déjà pour toute l'Asie le rêve de la cité-État florissante, se proclamant égalitaire et métissée, mêlant toutes les races, toutes les religions, mais préservée de tout environnement hostile, de tous produits, véhicules ou individus désignés comme indésirables. Ville au niveau de vie le plus élevé du monde, premier port de la planète, terre de relative égalité — en tout cas, où les inégalités ne sont pas trop criantes —, toujours sur ses gardes, Singapour ne sera pas seulement un lieu où beaucoup rêveront de vivre, mais aussi un modèle que nombre de villes, surtout portuaires, voudront imiter en réduisant les libertés pour contenir les injustices, en s'isolant de l'arrière-pays pour s'ouvrir sur leur océan, en attirant par tous les moyens les élites voisines. Il y aura demain beaucoup de « Singapour » à travers le monde.

Paris, moins cosmopolite que New York, est un autre modèle d'équilibre irremplaçable. Grande métropole la moins défigurée au monde par les inégalités et l'affaiblissement des services publics, capitale la plus visitée, elle restera l'archétype du compromis entre la nostalgie de l'éternité, la liberté marchande et une relative justice sociale. À condition qu'elle réussisse à éviter l'envahissement complet de ses rues par le marché et l'abandon de ses banlieues...

Rio de Janeiro annonce une autre sorte d'utopie urbaine, faite de rêves et de cauchemars mêlés, celle de la flamboyance, du métissage des cultures, de la juxtaposition des plus grandes richesses et de la plus extrême pauvreté, des libertés illimitées, des solidarités généreuses au sein de tribus sans cesse réinventées. À l'opposé de New York en termes technologiques, de Paris en termes de services publics, de Singapour en termes de sécurité, de Jérusalem en termes de spiritualité, Rio est à l'image d'une planète future, barbare et jubilatoire. Peut-être même pourrait-on se risquer à y voir une promesse de ce que serait la Fraternité avec ses tribus d'enfants nomades, libres et solidaires, défiant, faute de mieux, la faim et les escadrons de la mort.

CHAPITRE VI

Frères nomades

« Les enfants relevèrent la tête et se souvinrent de leurs grands-pères, qui en avaient aussi parlé. »

Frères nomades. Pas seulement frères humains. Pas seulement frères vivants. Mais frères heureux de rencontrer le sourire de l'autre dans la solitude de l'errance. Pour former ainsi des tribus inattendues.

Toutes les autres utopies sont vouées à l'impasse ou à l'échec. L'Éternité est à l'évidence inaccessible ; la Liberté ne fait que créer le besoin d'autres libertés jamais satisfaites ; pour supprimer les mille et une formes de la misère, il faudrait bien plus que le partage. Les hommes ne pourront fonder une civilisation ni sur la peur ni sur la cupidité, ni sur la jalousie.

Et puisque l'utopie, comme la condition humaine, est un voyage, le nomade futur ne se contentera pas d'une quête d'objets ou de plaisirs toujours renvoyés hors d'atteinte, ni de partager équitablement une même insatisfaction matérielle ou morale. Il aura besoin de donner un sens

à son voyage. Et, pendant son périple, il deman-
dera de la reconnaissance, de la considération, il
cherchera des occasions d'offrir, d'aimer, de rire,
d'être généreux.

Voilà justement ce que laisse espérer l'utopie
de la Fraternité. Et seulement elle.

En cela, elle est l'utopie du nomade. Avec lui,
elle est de retour.

Depuis que la Révolution l'a introduite
presque par effraction dans la devise de la
France, elle avait pourtant presque disparu. La
plupart des révolutionnaires des XIXe et
XXe siècles l'ont considérée comme un concept
flou, naïf, tout juste bon pour les chrétiens, les
francs-maçons ou les imbéciles. En tout cas,
réservé à ceux qui ne comprennent pas que le
bonheur ne se gagne et ne se protège qu'à coups
de grèves ou de fusils.

Elle figure seulement comme une lointaine espérance lorsque commence le terrible XXe siècle.
Elle est là, évidence rebelle, quand les grandes
boucheries de 1916 n'offrent d'autre alternative
aux soldats désespérés des deux camps que la
mort ou la « fraternisation » avec l'ennemi.
Parfois, c'est d'ailleurs l'une et l'autre, car
fraterniser, en l'occurrence, c'est trahir. Elle est
aussi là dans les goulags de toutes les Russies,
dans les camps de toutes les Allemagnes, quand
elle devient condition de survie. Elle est encore

là en Inde quand le Mahatma Gandhi en fait l'arme de la dignité. Et dans les églises d'Amérique du Sud quand la misère conduit le père Camilo Torres et ses adeptes à penser contre Rome la théologie de la libération. Elle est enfin là chaque fois que quelqu'un a le courage véritablement révolutionnaire d'énoncer simplement que chacun a intérêt au bonheur de l'autre.

Elle s'annonce même quand on la nomme autrement : altruisme ou responsabilité, compassion ou générosité, amour ou tolérance.

Annonce de la Fraternité

Dans le désordre du monde bruit comme le fourmillement d'une attente. Celle de la sortie de la solitude, de l'isolement, du manque d'amour. Certains rêvent de sociétés parfaites où ce manque serait comblé. D'autres encore, de révolutions où les méchants et les profiteurs seraient éliminés. D'autres, enfin, produisent dans leur coin des œuvres d'art qui désignent des utopies.

Derrière le marchand libertaire, il y eut Cervantès. Derrière le salarié égalitariste, il y eut Zola. Derrière le nomade fraternel, il y a Tolstoï qui espérait contre toute raison en la victoire de la bonté sur le mal et du renoncement sur les vices. Après lui, d'autres romanciers, dans tous les pays, toutes les cultures, protégèrent l'infime flamme. Pour ne citer que l'un d'eux, qui fit de la Fraternité le thème explicite d'un magnifique roman : Robert Heinlein, avec *En Terre étrangère*. D'autres encore, musiciens, peintres, acteurs, qui trouvent leur bonheur à en procurer aux autres. Dans leur extrême diversité, ils ne posent qu'une seule et même question : « Peut-on séduire ceux qui ne nous ressemblent pas ? »

Sans que personne s'en rende encore compte, la Fraternité est déjà aujourd'hui la force principale qui entraîne l'avant-garde du monde.

Elle s'annonce d'abord dans le refus de la solitude dont se nourrit le marché, qui isole pour faire consommer, et de la jalousie dont se nourrit l'égalité.

Elle s'annonce ensuite dans la demande de services visant justement à compenser la solitude en valorisant la relation à l'autre, et plus précisément les services d'hospitalité : tourisme, restauration, art de recevoir, tout ce qui stimule et satisfait la curiosité, invite au mélange, apprend à connaître, à donner et à accueillir, préserve et promeut l'artisanat, les spectacles vivants, les réseaux, tout ce qui naît du désir de jouir du plaisir de l'autre.

Elle s'annonce également dans les situations, de plus en plus fréquentes au sein des économies modernes, où *l'un a besoin que l'autre réussisse.*

Ce qui se nomme en mathématiques « jeux à somme non nulle » et en anglais *win-win situations*. Par exemple, dans les secteurs où des entreprises réalisent qu'elles ont intérêt au succès d'une autre, dans les réseaux de télécommunication où chacun éprouve d'autant plus de raisons de se brancher que s'y trouvent plus de correspondants. Dans l'éducation ou la santé, où chacun réalise peu à peu qu'il a intérêt à ce que tous les autres soient aussi bien formés et en aussi bonne santé que lui, au moins pour ne pas nuire ni constituer une charge. Enfin, dans les secteurs où le marché démontre que, lorsque chacun ne s'intéresse qu'à son propre sort, presque tout le monde finit par y perdre.

Elle est encore dans le *plaisir de transmettre*, lorsque aucun intérêt personnel n'est en cause. Lorsque des gens trouvent plaisir à meubler la solitude de l'autre, à montrer de la compassion pour la souffrance de l'autre, à donner sans espoir de retour, à adopter des enfants pour le simple plaisir de les voir heureux, à s'occuper de personnes handicapées, de faibles pour avoir une occasion de se conduire en êtres humains, sans attendre ni considération ni récompense.

Elle est aussi dans l'intolérable culpabilité qui sourd et se développe en soi quand on se sait capable d'empêcher quelqu'un d'être malheureux et qu'on reste les bras ballants, coupable du délit de non-assistance à personne en danger de solitude ou de tristesse. La culpabilisation générale qu'entretiennent les médias constitue au demeurant, même si tel n'est pas leur but, un formidable facteur de développement de la Fraternité.

En Orient, elle est dans tout ce que recèle de richesse humaine ce beau mot de *compassion*.

Elle se manifeste alors dans le prodigieux essor des *actions caritatives*, dans la prolifération d'organisations non gouvernementales pour aider, nourrir, sauver, soigner, réparer, dans la mobilisation qui suit toutes les catastrophes naturelles ; dans la volonté croissante de payer de sa personne ; et, même implicitement, dans l'idée même de mondialisation.

Elle est dans l'émergence de *nouvelles catégories juridico-politiques* comme le droit et le devoir d'ingérence ; dans la mise en place timide et maladroite d'instruments de justice internationale.

Elle est peut-être de plus en plus dans un refus terrifié de la solitude urbaine, dans la recherche frénétique de l'autre, quel qu'il soit, frères humains ou animaux de compagnie.

Elle s'épanouit dans les sociétés du savoir, en ce qu'elle entretient la faculté de se mettre à la place de l'autre, de comparer, de mettre en relation. Car l'intelligence n'est rien s'il n'existe personne pour l'apprécier ou la partager. Aussi la

Fraternité est-elle *reconnaissance de l'importance de l'autre* pour la réalisation de ses propres aspirations.

Enfin, la Fraternité s'impose aujourd'hui parce qu'elle est *cumulative* : au plaisir de recevoir et à celui de donner, s'ajoute le plaisir de *recevoir en sachant que cela fait plaisir à celui qui donne* (« Cela lui fait tellement plaisir de me faire plaisir que cela me fait plaisir de lui permettre de me faire plaisir »). En manifestant de la considération à celui qui donne, celui qui reçoit l'encourage à donner davantage encore.

L'Autre et les autres

Mais qui est l'autre ?

C'est d'abord *le faible, le démuni, le solitaire, l'étranger, celui qui est perdu.* Et l'*hospitalité* est la première forme de la Fraternité, très simplement définie comme le *désir de l'hôte* (celui qui reçoit) *de recevoir l'hôte* (celui qui est reçu). La confusion des mots renvoie d'ailleurs à l'équivalence des services rendus et reçus. L'« hôte » est bien à la fois celui qui reçoit et celui qui est reçu. « Recevoir » est même synonyme d'accueillir l'invité, de le fêter. On parle de « donner une réception ».

FRATERNITÉS

L'autre peut aussi être le *puissant*. Dans ce cas, la Fraternité va du faible au fort. Elle se traduit par l'admiration, le plaisir partagé du succès d'autrui. Elle est alors acceptation d'iné-galités ; elle met ainsi fin à la jouissance tirée du malheur des autres, au chagrin inspiré par leur réussite, à la jalousie suscitée par leur bonne fortune, à l'ingratitude ou à la haine de ceux à qui l'on a rendu service. D'où l'importance de la différence : il est d'autant plus facile d'appré-cier la réussite de l'autre que les modèles de réussite sont diversifiés.

L'autre, c'est encore *l'étranger dans le temps*, l'habitant des *générations passées et futures*, démuni parce qu'absent, incapable de participer aux décisions d'aujourd'hui qui pourtant le concernent.

L'autre, c'est enfin, dans une conception très extensive de la Fraternité, *tous les êtres vivants*, et pas seulement les êtres humains.

Dans sa définition la plus vaste, la Fraternité consiste à trouver du plaisir au bonheur de tout ce qui a vécu, vit ou vivra. Un altruisme universel qui s'adresse à l'autre et à tous les autres.

L'Autre nécessaire

Si l'on trouve plaisir au bonheur d'autrui, c'est avant tout parce que l'autre est nécessaire à son propre bonheur.

176

L'autre est d'abord le seul moyen d'*être certain de sa propre existence*, et il confirme, par une réaction, une réponse, l'intuition qu'on nomme « conscience de soi ». Peut-être même l'établit-il : un être humain qui, de sa vie, n'aurait jamais vu personne, et n'aurait pas le sentiment qu'il existe quelque part quelqu'un d'autre, animal ou être humain, n'aurait sans doute pas conscience de lui-même.

L'autre est nécessaire pour *communiquer*, éviter la solitude : il faut être deux pour parler. La *parole* est la première démonstration de la nécessité de l'autre. Pas de langue sans l'autre. Pas de monnaie non plus...

L'autre est nécessaire pour obtenir de la *considération*. On ne peut être considéré s'il n'y a personne pour le faire. La considération est cumulative : plus nous considérons l'autre, plus sa considération nous importe, plus nous faisons ce qu'il faut pour l'obtenir.

L'autre est nécessaire à la *division du travail*. En même temps, celle-ci ne doit pas être trop poussée ; sinon, le producteur ne peut trouver de plaisir au bonheur de son client.

L'autre est nécessaire à l'*exercice de la générosité*. On ne peut être généreux s'il n'y a personne à qui donner. Et l'autre permet d'*avoir le plaisir d'être généreux*. Pour faire quelque chose, comme dit le Don Juan de Molière, « pour l'amour de l'humanité ».

L'autre est nécessaire à celui qui recherche le *plaisir de donner du plaisir*, partout où le plaisir de plaire se mêle à celui d'être séduit.

Quant à ceux qui ne s'intéressent vraiment qu'à eux-mêmes, ils peuvent aussi penser qu'ils sont nécessairement *l'autre de quelqu'un*. Et que, s'ils s'intéressent au bonheur des autres, ils peuvent en attendre au moins autant en retour.

Lorsque l'un et l'autre sont engagés dans une tâche commune, lorsqu'ils font partie d'un réseau qui remplit une fonction, il n'est pas seulement nécessaire à chacun que l'autre existe, mais encore qu'il réussisse le mieux possible, qu'il tienne au mieux son rôle dans le réseau. Dans une *tribu menacée*, tous les membres ont intérêt à ce que les autres soient en bonne santé pour participer à la défense commune. Dans un *orchestre*, tout musicien a intérêt à ce que les autres jouent le mieux possible. Dans une *troupe de théâtre*, tout acteur a intérêt à ce que les autres sachent leur rôle et l'interprètent avec talent. Dans une *équipe de football*, chacun a intérêt à ce que les autres joueurs soient excellents à leurs places respectives.

La Fraternité peut naître enfin hors de l'échange. Par exemple, en donnant la vie ou en donnant à croire : on ne peut négocier, acheter ou vendre sa propre naissance, elle est un don interdit d'échange, qui ne pourra jamais être l'objet d'un calcul de la part de celui qui reçoit la vie. La maternité, en cela, est l'acte fraternel fondamental. De même, faire croire, comme donner la vie, c'est faire un don qui ne se marchande pas. On ne peut, si on est honnête avec soi-même, faire semblant de croire. La vie comme la grâce sont deux choses dont on ne peut négocier le fait de les recevoir, et donc deux manifestations majeures de la fraternité. (À cette liste de biens non négociables, on aimerait ajouter l'amour : mais sans doute peut-on négocier l'amour de l'autre ?)

La Fraternité, comme son refus, peut être le résultat d'un calcul. Elle peut s'exercer par intérêt, dans des situations où chacun a besoin de l'autre, échange sa réussite contre celle de l'autre (c'est le cas du marché), a besoin que l'autre réalise ses propres objectifs (c'est le cas du travail d'équipe) ; à tout le moins dans les situations où personne n'est privé si l'autre reçoit (c'est le cas de l'éducation : je ne suis privé de rien si l'autre est mieux formé). Et aussi quand on se rend compte qu'elle rend compatible l'Égalité et la Fraternité.

Le refus de la Fraternité peut lui aussi résulter d'un calcul : lorsqu'il s'agit de détruire le rival, autrement dit celui qui ressemble le plus, qui va désirer le même bien rare et avec qui on devra se le disputer. Ainsi, le pire de tous les crimes, la Shoah, fut-il une volonté de détruire celui qui ressemblait le plus, celui qui pouvait se trouver le rival par son identité même, devenue intolérable. Ce refus peut aussi résulter d'un caprice : pour faire mal par simple plaisir de nuire, même en l'absence de calcul, de compétition ou de rareté. Pour jouir du malheur de l'autre, détruire celui qui sauve, nuire sans raison (on dit *gratuitement*), prendre du plaisir à torturer, à tuer. Comme s'il existait un point commun entre faire le mal et faire le bien : dans les deux cas, c'est faire quelque chose, prouver qu'on existe en influant sur le monde et d'abord sur les autres.

Sade et Kant, comme l'écrit Lacan, ne cherchent qu'à laisser une trace par des moyens symétriques.

Libertés, Égalités, Fraternités

Le mot *Fraternité* a des connotations si particulières qu'on a du mal à imaginer qu'un programme politique puisse être jamais fondé sur lui. Personne n'aime faire de la politique avec de bons sentiments. Pourtant, je suis convaincu qu'un jour tous les programmes, de gauche comme de droite, que ce soit pour le promouvoir ou s'y opposer, y feront, au moins implicitement, référence ; le libéralisme comme la social-démocratie voudront le récupérer. Toutes les utopies se rangeront sous cette bannière.

D'abord, la Fraternité donne un sens humain à l'Éternité en permettant à chaque génération de trouver son bonheur dans celui des suivantes, en leur léguant un monde meilleur que celui qu'on a soi-même reçu, assurant ainsi la pérennité de la Vie dans une poursuite infiniment relayée du bonheur.

Ensuite, la Fraternité réconcilie Liberté et Égalité. Mieux, même : alors que ces trois utopies ne sont pas compatibles deux à deux, chacune rend les deux autres compatibles.

La Fraternité résout ainsi la plus ancienne contradiction de l'histoire des idées politiques, celle sur laquelle tous les théoriciens ont achoppé depuis des siècles, entre la Liberté et l'Égalité. On le démontre aisément :

La Fraternité rend compatibles Liberté et Égalité.

La Liberté ouvre un droit à accumuler des richesses qui est créateur d'inégalités et de jalousies, sauf si la Fraternité permet d'éprouver du plaisir à la réussite des autres. Réciproquement, l'Égalité ne peut être maintenue sans attenter aux libertés que si chacun trouve du plaisir à partager avec l'autre.

La Liberté rend compatibles Égalité et Fraternité.

Personne ne peut trouver plaisir à être forcé de se considérer comme l'égal d'un autre. Réciproquement, être forcé de trouver plaisir à la réussite de l'autre, alors même que cette réussite s'accompagne de la misère d'un tiers, revient à tolérer les injustices pour le plaisir de faire plaisir aux riches.

L'Égalité rend compatibles Fraternité et Liberté.

Étant jouissance du bonheur de l'autre, la Fraternité peut, s'il n'y a pas d'exigence de réciprocité, déraper dans la jouissance masochiste de la soumission. Elle peut aussi déraper dans la violence : le plaisir pris à donner peut devenir — comme, par exemple, dans le potlatch — un défi, une démonstration de force, la générosité ostentatoire et exhibitionniste du chef. La Fraternité n'est donc équilibrée que dans la réciprocité.

Inversement, sans Égalité, la Liberté contredit la Fraternité : on ne peut trouver intérêt à la réussite de l'autre si l'on ne lui accorde pas au moins les moyens d'être égal à soi. Une société fraternelle ne pourrait donc tolérer la pauvreté.

182

Au total, non seulement la Fraternité rend compatibles la Liberté et l'Égalité, mais elle permet même à l'une et l'autre de s'auto-entretenir.

La frontière entre marché et démocratie

La Fraternité permet à la démocratie et au marché de fonctionner efficacement.

D'abord, l'efficacité du marché suppose que tous les acteurs du marché y satisfassent leurs aspirations, c'est-à-dire que chacun ait intérêt à acheter ou à vendre un bien ou un service.

De même, l'exercice de la démocratie suppose une certaine forme de Fraternité, puisqu'une minorité doit y trouver assez de bien-être pour se résigner à toute décision prise par une majorité.

La Fraternité conduit même chacun des membres de la majorité à augmenter sa satisfaction personnelle en aidant les minoritaires à accroître la leur. Les majorités pauvres trouvent ainsi plaisir à voir s'épanouir les minorités riches et à les laisser s'exprimer, y compris par l'accumulation de richesses, sans les écraser d'impôts. Inversement, les majorités riches trouvent plaisir à aider à l'épanouissement des minorités, par exemple en considérant que l'amélioration de la santé ou de la formation de chaque membre d'une minorité est une activité socialement utile, puisqu'elle améliore la valeur de l'ensemble de la société.

Certains domaines, s'ils sont gérés par le marché, contredisent la Fraternité. C'est en particulier le cas des biens dont l'usage présent peut nuire aux générations antérieures ou futures, ou encore peut nuire à des exclus du marché. La Fraternité requiert alors leur gestion collective.

Un domaine ne peut donc être transféré de la démocratie vers le marché que si — et seulement si — cela ne contredit pas les exigences de la Fraternité. En cas contraire, il doit être géré de façon collective. Autrement dit, la Fraternité fixe des limites à l'entrée de certains secteurs dans le marché, et lui interdit d'empiéter sur certains « domaines réservés » de la démocratie.

Ainsi, l'existence de la Fraternité devrait suffire à constituer un rempart contre l'extension abusive et nocive du marché.

Encore convient-il de se méfier des leurres : le marché est si habile qu'il sait se déguiser en Fraternité, la vendre comme une marchandise ; il a d'ailleurs déjà commencé à y trouver un nouveau champ de conquête.

Fraternité.Net

Comme il y eut des caricatures de Liberté et d'Égalité, il y aura sûrement un jour — il y a déjà — des Fraternités marchandes. Les marques, les objets, les services détourneront, détournent déjà la Fraternité, tout comme ils ont détourné antérieurement les autres utopies. C'est le cas chaque fois que le vendeur peut exprimer directement à son client le plaisir qu'il trouve à le satisfaire. Le tourisme, la restauration, tous les services de l'hospitalité, mais aussi certains soins de santé ou esthétiques qui leur sont parfois associés, voire des métiers de divertissement, vendent de la Fraternité.

Les idéologues de la libre entreprise expliqueront que le marché est le lieu de Fraternité par excellence. Il n'est pas, diront-ils, le lieu de rencontre d'égoïsmes rationnels, comme l'affirmaient les utopistes de la Liberté — au premier chef Adam Smith — mais un espace de services réciproques où chacun ne peut satisfaire ses désirs que dans la mesure où il satisfait ceux des autres. Plus concrètement, on verra des vendeurs s'intéresser à leurs clients au-delà de ce qu'ils ont à leur vendre. Ils leur proposeront de prendre en charge gratuitement leurs préoccupations domestiques pour se glisser dans leur intimité. Ils constitueront des fichiers et des banques de données qui leur permettront de simuler la Fraternité sur mesure ou de la vivre sincèrement en complément du marché.

On vendra des voyages réels dans des lieux de rêve présentés comme fraternels. On construira même des lieux spécifiques entièrement dédiés à une fraternité marchande. Déjà, un site Internet propose d'acheter une maison dans une île non spécifiée des Caraïbes, devenue propriété privée de promoteurs et rebaptisée *New Utopia*. La description de cette île constitue un assez bon résumé de ce que peut être aujourd'hui l'égoïsme maquillé en Fraternité :

« Une ville complète avec cinémas, théâtres, commerces, légèrement au-dessus du niveau de la mer, entourée de jardins et de canaux, de taxis d'eau et de gondoles. Un nouveau pays, qui n'a jamais existé jusque-là, qui sera construit au milieu d'une mer modérément tropicale, dans un climat parfait, un paradis Utopie ! [...] Nous prévoyons de construire à *New Utopia* le meilleur hôpital du monde, dédié aux soins anti-âge et aux modalités de longévité, où vous pourrez recevoir tous les traitements que vous voudrez. L'Université internationale des études avancées a été fondée pour se consacrer aux disciplines nécessaires à la survie au prochain siècle sur la Terre, à la colonisation des océans et de l'espace. Des cours pourront être enseignés par Internet. *New Utopia* sera gérée par un conseil de gouverneurs, gérant ce que nous pensons être l'État le plus parfait jamais conçu, mêlant les philosophies d'Ayn Rand et Robert Heinlein. Une ville-État au milieu des Caraïbes, pour avoir une famille et travailler, à plus de cent miles de tous pays, avec un aéroport, un port, des marinas, des espaces verts, des bureaux, des parcs et des ensembles résidentiels pour les familles. *New Utopia* a son propre journal indépendant, qui donne les nouvelles de la principauté... »

Tous les objets, même ceux dont la fonction n'est pas de donner du plaisir, se masqueront en objets fraternels. Au lieu de promettre : « Avec moi, vous serez le meilleur », ou bien : « Venez avec moi dans mon univers où tout le monde est libre et égal », de nombreux produits et d'innombrables publicités commenceront par dire aux consommateurs : « Je vous aime. Mon plaisir est de vous faire plaisir » ; ou bien encore : « Si vous me laissez vous accompagner et vous guider, je vous aiderai à trouver ceux qui prendront plaisir à vous faire plaisir. »

On mettra sur le marché de nouveaux *objets nomades fraternels*, comme les robots de compagnie qu'annonçaient déjà les *tamagoshis* et qui s'annoncent effectivement au Japon, des fraternités virtuelles, des clonimages fraternels, des jeux en trois dimensions simulant la fraternité.

Les futurs objets d'autosurveillance, qui permettront de faire basculer l'éducation et la santé sur le marché, pourront eux aussi être présentés comme des instruments d'une Fraternité perverse, permettant à leurs utilisateurs de trouver plaisir à faire plaisir à une machine en respectant les normes qu'elle impose. Tel est d'ailleurs déjà le cas de la mode : ceux qui trouvent de l'intérêt à la suivre font ce qu'ils croient plaire aux autres. Ou encore de l'esthétique qui conduit ceux qui sont sensibles à sa tyrannie à chercher à satisfaire leur balance ou leur miroir.

On pourra même, à la limite, imaginer la création d'une nation fraternelle virtuelle qui se proposerait de rassembler sur le réseau tous ceux qui rêvent d'une nation tolérante et ouverte à toutes les ethnies, comme il n'en existera jamais. Celle-ci fonctionnerait virtuellement sur le réseau, avec un président et un parlement virtuels qui décideraient de son avenir virtuel et imposerait à ses membres le respect réciproque de la Fraternité. Elle pourrait même se fixer pour objectif ultime de sortir de la virtualité, de devenir réelle lorsqu'elle aurait réuni assez de membres (de citoyens virtuels) pour pouvoir financer avec leurs cotisations l'achat d'une île, la déclarer indépendante et en demander l'admission aux Nations Unies.

Plaisanterie ? Non : ce site existe déjà sous le nom de *Cyber Yougoslavia*. Il se fixe pour objectif, une fois qu'il aura réuni cinq millions de membres, de basculer dans le réel. Il n'est pas impossible qu'il y parvienne : il en a déjà rassemblé plusieurs milliers. Ce site constitue triplement une utopie, puisqu'il crée un État virtuel qui vise à créer un État réel, lui-même État multinational, nostalgie d'une Yougoslavie fraternelle, libre et tolérante, qui n'a jamais existé que dans l'imagination de ceux qui rêvent aujourd'hui de son retour.

La Fraternité totalitaire

Comme le marché, la dictature s'y entend fort bien pour récupérer les utopies.

Il y a eu, il y aura encore des dictatures qui prétendront permettre d'accéder à l'Éternité. D'autres qui affirmeront que leur ambition est de libérer l'homme. D'autres encore qui n'auront pas d'autre justification que la nécessité d'instaurer et de maintenir l'Égalité. On verra enfin — on a déjà vu — des dictatures se travestir en Fraternités.

Le vocabulaire de la Fraternité a déjà été beaucoup galvaudé par de nombreuses dictatures. Bien des tyrans (mais pas seulement eux...) passent leur temps à expliquer que leur vie politique n'est qu'un lourd sacerdoce et que le bonheur de leur peuple leur tiendrait lieu de seule récompense. Certains, comme faisait Kim Il-sung, nomment leurs sujets « frères ». D'autres, comme jadis Staline, se désignent eux-mêmes comme « petit père des peuples », allié de « peuples frères ».

D'autres veulent ou voudront instaurer explicitement la Fraternité par le détour de la dictature, transition malheureusement nécessaire. Un tout petit détour justifié par la nécessité de révéler, par la propagande, les vertus de l'altruisme.

D'aucuns, en mettant l'accent sur la jouissance de la soumission, le plaisir de trouver plaisir à rendre le chef heureux, utiliseront la Fraternité comme un instrument d'aliénation. On verra apparaître de nouvelles formes — masochistes — de totalitarisme. On verra — on voit déjà — des gourous faire de la Fraternité le fondement de leurs prêches et le fonds de leur commerce. Un des satellites de l'Église dite de l'« Anthroposophie » se proclame ainsi chargé de la mise en place de la « Nouvelle Économie fraternelle »...

La génétique pourrait conférer à la Fraternité une autre dimension encore plus totalitaire. On expliquera — on explique déjà — que l'incapacité d'être fraternel est une maladie génétique. Autrement dit, d'aucuns voudront bientôt, par des drogues ou par des manipulations génétiques, concevoir des êtres sans jalousie, heureux du bonheur des autres, acceptant volontiers leur situation, programmés pour aimer être justement et sans réserve ce qu'ils sont. Le clonage sera présenté comme *une façon de produire des frères*. On aura ainsi des « frères artificiels », permettant de disposer pour soi de réserves d'organes. Le bonheur du cloné sera d'aider le cloneur à vivre. À moins qu'on ne se révèle capable de reconnaître au cloné la même dignité qu'au cloneur.

Les réseaux de la Fraternité

La nécessité de la Fraternité va s'imposer avec la multiplication des réseaux. Ceux-ci ne sont pas nouveaux. Tout groupement humain — tribu, famille, village, ville, patrie... — ayant pour objectif de se perpétuer collectivement, constitue un réseau. Dans les sociétés modernes, les réseaux relient des gens qui ne sont pas nécessairement regroupés au même endroit, et créent de nouvelles tribus.

Tous les réseaux créés par la sédentarité étant successivement démantelés par le marché, de nouveaux réseaux apparaissent sans cesse : tribus volontaires, réseaux technologiques, labyrinthiques, non bureaucratiques, réciproques. Demain, les entreprises — même les plus grandes — cesseront d'être des lieux de rassemblement de salariés pour devenir des réseaux d'associés nomades. Elles cesseront d'être hiérarchiques pour devenir labyrinthiques. Elles cesseront d'être uniformes pour devenir des conglomérats d'entreprises locales produisant à la demande des biens sur mesure.

Puis, d'autres nouveaux réseaux, virtuels pour la plupart, se multiplieront, à partir d'Internet. Le besoin de Fraternité poussera à la multiplication des réseaux nouveaux ; et inversement Internet donnera toute son actualité à la Fraternité. Il permettra la création en commun, l'interdépendance et même, un jour, la communication entre ceux qui ne parlent pas la même langue, par le jeu des traductions automatiques et par la synthèse de la parole.

Tout membre d'un réseau a intérêt à ce que les autres membres de ce réseau soient capables de faire fonctionner ce dernier. Les membres d'une famille, les habitants d'une ville, les citoyens d'une nation, les musiciens d'un orchestre, les acteurs d'un spectacle, les espions d'un même service, les artisans d'un chantier, les membres d'un club, ont intérêt à ce que les membres de leur « réseau » soient en état de tenir leur rôle. Les membres d'un réseau téléphonique ont intérêt à ce que le plus grand nombre d'entre eux soient en état de communiquer. Alors que la compétition oppose, le réseau rassemble. Et sécrète de toutes nouvelles lois de l'économie.

Dans un réseau, on peut donner une information sans la perdre. Par exemple, faire entendre de la musique, partager des logiciels, des livres avec d'autres sans en perdre la propriété. *On peut donc avoir le plaisir de donner sans avoir le déplaisir de perdre ce que l'on donne.* Par conséquent, à l'inverse de l'économie de l'énergie où la valeur dépend de la rareté, dans celle de l'information la valeur résulte de l'abondance qui permet de donner et recevoir plus. Plus il y a de gens branchés sur un réseau, plus chacun peut y trouver de l'intérêt, et plus le réseau a de la valeur. Chacun a intérêt à ce que l'autre ait aussi ce qu'il a.

Tout membre d'un réseau a intérêt à ce que *ce réseau ne soit pas encombré, saturé.* Le pire ennemi de la Fraternité, c'est l'encombrement.

Le *premier des patrimoines* de chacun, dans l'avenir, sera l'appartenance à des réseaux. L'*élite nouvelle*, qui s'appropriera l'essentiel de la valeur créée, sera constituée par les concepteurs des réseaux et par ceux qui sauront se réserver des réseaux privilégiés. La classe moyenne souhaitera afficher la multitude des réseaux auxquels elle appartient. Un des signes de cette ostentation réside déjà dans la multitude des cartes — de crédit, de club, de visite, d'abonnement, etc. — que beaucoup se plaisent à conserver pieusement dans leur portefeuille et à exhiber à toute occasion.

À l'inverse, la nouvelle pauvreté consistera à n'appartenir à aucun réseau. Les faibles, les étrangers, les enfants en bas âge, les morts, les générations suivantes ne sont d'aucun réseau. *Naguère, être pauvre, c'était ne pas avoir. Demain, ce sera ne pas appartenir.*

Pour *secourir le faible*, il conviendra donc de le *rebrancher sur des réseaux*. On peut même, à certains égards, comparer leur rôle dans la naissance à venir de la Fraternité à celui que Marx attribuait aux classes sociales dans celle du socialisme.

Et le premier des réseaux, dont l'avenir constitue un enjeu vital, est celui que représente la famille.

Familles fraternelles

La famille, lieu géométrique des haines fondatrices, est le réseau le plus menacé par le retour du nomadisme. C'est dans son évolution que la Fraternité, demain, s'inventera. Entre pères et frères, mères et sœurs. Entre enfants.

On assistera d'abord à une diversification profonde des couples. Jusqu'ici, ils n'étaient pour l'essentiel que le rassemblement d'une femme et d'un homme unis par l'amour ou les exigences sociales de la perpétuation. Demain, ils rempliront d'autres fonctions. Pour lutter contre la solitude et la précarité des relations humaines, beaucoup de gens (vivant plus vieux et donc plus seuls que par le passé) choisiront de partager avec d'autres, à deux, trois ou plus, provisoirement ou durablement, un toit, des biens, des avantages sociaux, sans pour autant désirer avoir et élever ensemble des enfants, ni porter le même nom, ni même avoir des relations sexuelles. De tels couples pourront réunir des homosexuels ou rassembler des personnes souhaitant simplement unir pour un temps leurs solitudes, hors de la solennité du mariage, sans obligation de fidélité, acceptant la multiplicité de leurs partenaires respectifs ou une absence de vie sexuelle commune. Cette forme de relation pourra aussi concerner des couples désireux de préserver leurs relations au-delà de la sexualité, voire au-delà du mariage, en vivant comme frères et sœurs après un divorce. On retrouvera ainsi les pratiques de certaines tribus, tels les Nuer d'Afrique, où les vieilles femmes, en général stériles, se marient entre elles pour mettre leurs biens en commun.

Certains de ces « nouveaux couples » se considéreront comme des ménages et désireront avoir des enfants, puis les élever. Ils pousseront au clonage, qui rendra possible la procréation asexuée.

Mais personne ne pourra plus forcer des parents, biologiques ou adoptifs, à respecter et aimer leurs enfants — adoptés ou obtenus par clonage — assez longtemps pour les élever. On ne pourra pas non plus interdire à des couples qui pourraient plus tard s'en défaire, d'avoir des enfants.

Sevrés des toutes premières manifestations de la Fraternité, des enfants de plus en plus nombreux seront ainsi *privés d'enfance*, oubliés, abandonnés, manquant de tendresse ou simplement de sécurité, parfois martyrisés. Adultes précoces, ils souffriront d'une solitude que ne compensera plus aucun des réseaux de la société rurale. Au Nord, faute de temps pour leur raconter des histoires ou leur apprendre à en lire, les parents les laisseront errer entre tous les horizons virtuels : du jeu, de la violence et de la sexualité. Au Sud, vendus ou acculés à travailler par leurs parents, devenus trop tôt adultes, esclaves ou guerriers, ils ne seront plus capables que de violence.

Pour réinsérer l'enfant dans des réseaux, il faudra donc imposer un *droit à l'enfance*, un droit à une période d'irresponsabilité, de tendresse, de douceur, assorti du droit à commettre des bêtises et à croire aux contes de fées. Ce n'est pas là une considération accessoire : il ne peut y avoir de fraternité qu'entre personnes ayant eu une enfance.

Par symétrie, *pour qu'il y ait droit à l'enfance, encore faut-il qu'il y ait devoir de parenté.* Ce devoir constitue une forme très particulière de Fraternité : plaisir pris à faire rire un enfant, à l'aider à acquérir les moyens de sa curiosité, de son savoir, de son exigence, à découvrir ce qu'il peut y avoir d'original ou d'unique en lui. À lui faire comprendre les limites de sa liberté, les nécessités du partage, à lui faire prendre conscience de la différence entre la vie réelle et les sensations que procure le virtuel, à l'aider à produire ses propres images mentales, non pas en lui interdisant l'accès au virtuel, mais en lui faisant bien comprendre que l'espace ludique obéit à d'autres lois que le monde réel. À lui enseigner la Fraternité.

Mais la Fraternité ne saurait se décréter : on peut forcer quelqu'un à faire quelque chose, on ne peut pas le forcer à y trouver son bonheur. Alors, pour donner sens à ce droit à l'enfance, on pourrait imaginer de confier à l'État la responsabilité de l'éducation des enfants, c'est-à-dire organiser *le transfert de l'autorité parentale à la société* et extrapoler à tous les enfants ce qui est fait aujourd'hui dans des institutions

spécialisées pour l'éducation des enfants abandonnés. Ces institutions constituent certes des
substituts irremplaçables pour quelques enfants
et quelque temps. Mais personne n'a jamais osé
les généraliser à tous les enfants et à toute
enfance. Elles ne sauraient constituer une solution pour les centaines de millions d'enfants
aujourd'hui et demain privés de parents. Par
conséquent, il faudra pouvoir recruter assez
d'adultes capables de trouver leur bonheur dans
celui d'enfants qui leur sont étrangers. Ces
parents adoptifs pourraient exister. À condition
que la société n'exige pas d'eux d'être
regroupés en couples traditionnels, et qu'elle
admette de confier des enfants à tout groupe
d'adultes capables de les respecter et de les
aimer.

Et si, malgré cela, trop peu d'adultes — seuls,
en couples ou en trios, homo- ou hétérosexuels
— se révèlent disponibles pour assumer la
charge de tous les enfants abandonnés, il faudra
aller plus loin encore et instituer un *devoir de
Fraternité entre frères et sœurs*, c'est-à-dire un
devoir de se protéger mutuellement au sein
d'une même génération. Une adoption entre
frères, un devoir d'aînesse. Ce devoir se manifeste déjà dans les banlieues de bien des villes
où, lorsque les parents sont défaillants, les aînés

aident les cadets à faire leurs travaux scolaires et à préparer leurs repas.

La Fraternité suppose aussi l'insertion dans les réseaux de tous les autres faibles : handicapés, personnes âgées, dépendantes et isolées, rejetées dans une ultime enfance sans promesse. On pourra aussi imaginer de leur ouvrir une procédure d'adoption. Des familles ayant des enfants pourraient *adopter des grands-parents*.

De même pour l'*étranger*. Si l'enfant est un étranger à accueillir, tout étranger est un enfant en quête d'amour. On décrétera pour eux un *devoir d'hospitalité* dont Kant parlait déjà dans son projet de « Fédération universelle » lorsqu'il évoquait la nécessité d'un « droit cosmopolite » destiné à régir les relations entre États et avec les sujets des autres États. À l'instar de ce qu'édictent certains *coutumiers* en vigueur depuis l'Antiquité dans certaines sociétés du pourtour méditerranéen, celui qui est reçu devra accepter les règles de celui qui reçoit ; celui qui reçoit devra se réjouir du plaisir qu'il donnera, et accorder à celui qui est décidé à venir vivre et travailler durablement chez lui les mêmes droits et lui imposer les mêmes devoirs qu'à lui-même. Mais ces devoirs devront être réciproques : à défaut, *il y aura* assimilation et destruction de la diversité.

L'organisation sociale de la Fraternité

La Fraternité pourra en premier lieu devenir un moyen de réduction massive de la pauvreté. Non par l'aide des riches — instrument de l'utopie précédente, qui a échoué —, mais par l'émergence de nouvelles tribus, de nouveaux réseaux entre pauvres, par l'entraide et la confiance réciproques. Faire confiance doit devenir un droit de l'Homme.

Il s'agit là d'une utopie réaliste, déjà en cours de réalisation sous le nom de *microfinance*, mode de financement fraternel par lequel chacun trouve plaisir à prêter à l'autre les moyens de réussir. La microfinance rassemble des gens très pauvres qui s'accordent mutuellement des prêts pour démarrer leurs entreprises à des taux conformes à ceux du marché, sans exiger les uns des autres plus qu'une garantie morale réciproque. Pouvoir emprunter pour créer son propre emploi devient alors un droit de l'Homme.

Depuis la création, il y a vingt ans, au Bangladesh, de *Grameen*, la première organisation moderne de ce genre (en fait, il en existe depuis l'aube des temps en Afrique sous le nom de « tontines »), ces prêts se sont considérablement développés dans le monde entier, démontrant que, si l'on veut bien leur faire confiance, les pauvres remboursent parfaitement leurs emprunts et peuvent, par leur travail, non seulement créer des richesses, mais aussi recouvrer une dignité et réunir les conditions d'accès à l'éducation et aux soins.

Pour l'instant, la microfinance ne concerne qu'une douzaine de millions de personnes de par le monde, surtout des femmes. Elle pourrait être généralisée aux cent millions de familles les plus pauvres : il suffirait pour cela de trouver les ressources nécessaires pour former les cadres des institutions de microfinance, les contrôler et les évaluer.

Cette *finance fraternelle* permettra d'administrer la preuve que la Fraternité n'est pas seulement un acte naïvement espéré, mais un mode de financement de l'économie parfaitement sérieux et efficace.

Parallèlement, la Fraternité conduira à une attitude neuve face à l'éducation et à la santé.

Dans l'utopie de la Liberté, la vie étant propriété privée, il appartient à chacun de trouver les moyens de l'entretenir et de la valoriser. Dans celle de l'Égalité, la société doit dispenser gratuitement et également à chacun les soins et l'éducation, dans les limites du budget de la nation. Dans l'utopie de la Fraternité, chacun a intérêt à ce que les autres soient en pleine possession d'eux-mêmes, donc en bonne santé et bien formés. Aussi, se soigner et se former y sont des activités reconnues comme utiles à la collectivité, qui méritent donc rémunération. Et chacun se trouve nécessairement dans l'une ou l'autre des situations suivantes, *toutes également utiles aux autres* : travailler, se former ou se soigner. Toutes trois y sont rémunérées comme des activités socialement utiles. Ceux qui ne travaillent pas ne sont plus considérés comme « assistés », mais comme rendant service à la société en prenant soin d'eux-mêmes.

Une telle approche, malgré les apparences, n'est pas entièrement utopique. Depuis déjà longtemps, dans les pays développés, les salariés en congé de maladie ne perdent pas le droit à leur salaire ; ils sont payés pour se soigner. Reste à reconnaître un droit équivalent à ceux qui cherchent à remédier à leur insuffisance de connaissances. Chacun aurait ainsi les moyens de découvrir le modèle de réussite et de bien-être qui lui convient, de choisir sa propre définition du savoir et de la santé. Chacun serait heureux de l'épanouissement différencié des autres et se nourrirait de leurs différences.

Les contenus des politiques d'éducation et de santé devront s'en trouver modifiés. On apprendra aux enfants à s'aider les uns les autres, à trouver plaisir aux progrès des autres, à échapper à la compétition, à s'entraider et à insister sur la prévention par la création de tribus fraternelles de malades ou futurs malades, associations où chacun a intérêt à la guérison de l'autre : rien n'aide davantage à guérir que la guérison d'un autre atteint de la même maladie que soi.

De surcroît, tant que la médecine se révélera efficace, c'est-à-dire tant que l'espérance de vie augmentera et que la douleur en fin de vie diminuera, la croissance de la part des dépenses de santé dans le total du revenu national constituera toujours une bonne nouvelle. De même, tant que le niveau culturel et professionnel d'un pays s'améliorera avec la croissance des dépenses d'éducation, celles-ci resteront justifiées, d'autant plus qu'elles se substitueront aux anciennes dépenses de soutien aux chômeurs.

Une telle société, où le progrès technique aura radicalement transformé l'industrie et réduit le coût de production des objets, pourra consacrer plus de la moitié de sa richesse marchande aux dépenses anciennement nommées « prélèvements obligatoires », qu'il vaut mieux nommer « dépenses vitales », pour permettre à ses membres de vivre plus d'un siècle sans douleur ni incapacité, tout en actualisant sans cesse leurs connaissances dans tous les domaines possibles.

Jusqu'à ce que, dans l'économie fraternelle, la prise en charge de la santé et de l'éducation par la Fraternité hors des prélèvements obligatoires vienne réduire ces dépenses. Ce qui suppose un bouleversement de l'ordre économique.

L'ordre économique de la Fraternité

L'économie de la Fraternité se met en place avec la croissance des réseaux. On la trouvera sur le marché et hors du marché.

Le *tourisme*, premier marché de l'hospitalité, deviendra et restera longtemps le premier secteur de l'économie mondiale. L'*artisanat* le suivra et, avec lui, toutes les occasions de rencontre directe entre le consommateur et le producteur. En particulier, on ira de plus en plus vers une alimentation fraternelle où le producteur sera identifié, connu, et où il pourra exprimer directement ou non son désir de satisfaire le consommateur. On voudra tout connaître des produits qu'on consomme.

Là où l'économie de marché ne réussira pas à contenir l'abondance, à créer artificiellement de la rareté, à faire payer ce qui pourrait être gratuit, en particulier dans la transmission de musiques ou de données, se mettra en place, hors du marché, une économie d'altruisme systématique, de mise à disposition gratuite, de don réciproque, une *économie non marchande frater-*

nelle. S'y échangeront les biens que chacun jugera bon de produire sans autre rémunération que la considération, la reconnaissance, la fête...

Ces institutions fraternelles pourront se substituer aux administrations et prendre en charge des services aujourd'hui assurés par l'État, en particulier pour la prévention des maladies et la réinsertion des marginaux. Dans ces institutions se développera une nouvelle forme de travail, un travail fraternel consistant à trouver du plaisir à faire plaisir. Ce travail devra évidemment pouvoir être exercé sans limite d'âge, par exemple par des grands-parents.

L'économie fraternelle, marchande et non marchande existe. Elle prendra un jour le pas sur l'économie de marché. L'emploi dans les organisations à but non lucratif représente déjà 8 % des emplois aux États-Unis et 12 % aux Pays-Bas.

Elle ne pourra obéir aux mêmes règles de productivité et de profit que l'économie de marché. Elle devra élaborer ses règles propres, assurant efficacité et éthique. Des agences d'évaluation spécifiques et neutres devront noter ces institutions et veiller à ce qu'elles respectent les principes de la Fraternité.

Pour la promouvoir, il faudra inciter — et non contraindre — à la substitution des activités marchandes par des services fraternels d'ONG, tout en maintenant le service public là où les services fraternels n'existent pas.

Pour y parvenir, il faudra créer des « Bourses de la Fraternité » où les uns pourront demander qu'on leur fournisse des occasions de rendre service, et où d'autres pourront venir en offrir. Alors que sur un marché normal, les producteurs offrent des biens et des services et les consommateurs viennent les acheter, à l'inverse, sur le marché de la Fraternité, le consommateur cherche des occasions de rendre service et le producteur propose des services à rendre. Ces Bourses pourront être organisées réellement dans les quartiers, ou virtuellement dans des forums sur Internet. Elles commencent déjà à exister dans les lieux de rencontre, les brocantes, où l'échange marchand n'est plus que prétexte à lier connaissance. Sujet de conversation.

Fraternité et écologie

La Fraternité doit aussi se manifester vis-à-vis de toutes les autres générations, présentes et futures, ainsi que de toutes les autres formes de vie. Les générations à venir sont des hôtes qu'il faut se préparer à recevoir, de futurs occupants de lieux dont chacun n'est que locataire de passage. Et à traiter, préserver et soigner la nature comme un être vivant.

Chacun a intérêt non seulement à ce que l'autre ne pollue pas, mais aussi à ce qu'il ne soit pas pollué.

Pour donner une portée concrète à ces principes, on pourrait imaginer de considérer toutes les ressources nécessaires à la survie des générations à venir comme des *biens publics planétaires*. Ainsi de l'eau, de l'air, du génome humain, de la conscience. Ces biens ne pourraient être commercialisés qu'en vue d'en protéger l'intégrité, chaque génération n'en étant que la dépositaire et la gestionnaire, l'ayant-droit des générations futures, non autorisée à les modifier. Pour que cela ne reste pas un vœu pieux, il faudra pouvoir l'inscrire dans les institutions et les textes fondamentaux de la Fraternité.

Les institutions de la Fraternité :
pour une République plurielle

Comme la Liberté et l'Égalité ne seraient qu'illusions sans institutions pour les défendre, la Fraternité ne sera jamais qu'un naïf slogan sans dispositifs capables de la promouvoir et de la protéger.

207

La nation sera sans doute un cadre trop vaste pour y élaborer les procédures de la Fraternité ; celles-ci pourront être mieux expérimentées à l'échelle de villes moyennes ou grandes.

De plus en plus de collectivités fraternelles ne rassembleront pas seulement les habitants d'un territoire donné, mais les membres d'un ou plusieurs réseaux. La citoyenneté ne sera plus liée à un droit du sol, encore moins à un droit du sang, mais à un *droit d'hôte* rassemblant tous ceux qui se reconnaissent dans un espace ou dans un réseau, dans une ville ou une nation, quels qu'ils soient et où qu'ils soient.

Les processus de représentation déléguée seront rendus caducs par l'émergence de mécanismes permettant des votes permanents sur les réseaux.

Cela conduira même à remettre en cause le principe de la décision à la majorité sans renoncer à la démocratie. En effet, chacun pourra évaluer sur le réseau, par un vote virtuel préalable au vote réel, quelle décision permettrait au plus grand nombre de votants de satisfaire leurs propres exigences tout en faisant plaisir aux autres. Le résultat final du vote évoluera au fil de la consultation, par infléchissements successifs de la position de chacun, et on n'arrêtera une décision qu'au terme d'un processus de convergence conduisant à l'unanimité, lorsque chacun aura atteint l'équilibre entre la satisfaction de ses désirs personnels et celle des vœux ou attentes des autres.

De telles procédures de décision collective conduiront à promouvoir de nouveaux droits et devoirs, aujourd'hui absents de la *Déclaration universelle des droits de l'homme*, et donc à codifier des *principes de la Fraternité* tels que le droit à l'enfance, à la considération, à la dignité, à l'hospitalité, à la formation, au silence, et le devoir de préparer le bonheur des autres générations en veillant à la protection des biens publics planétaires. Et l'obligation de les faire respecter.

La Fraternité n'implique pas le pardon de toutes les fautes. Pardonner, gracier est un acte de foi et d'espoir, un pari sur le repentir et donc sur le progrès de l'homme. Si ce pari doit l'emporter en général sur la stricte décision de justice, il existe aussi un devoir de ne pas pardonner, un *devoir d'intolérance* contre certaines atteintes à la vie et à la dignité humaine.

Pour que la Fraternité cesse d'être un vœu pieux, on devra *la considérer elle-même comme un devoir*. Tout comme il existe un délit de non-assistance à personne en danger, on pourrait considérer tout manquement grave à la Fraternité comme un délit, et d'abord qualifier ainsi le refus d'accorder l'hospitalité.

L'action publique visera à créer des conditions telles que chacun trouve librement en soi l'envie d'aider l'autre à atteindre au bonheur.

L'opposition à la Fraternité viendra de ceux qui invoquent un droit à l'égoïsme et la liberté de ne pas aimer l'autre. Ceux-là devront cependant respecter des droits de Fraternité qui ne devront pas mettre en cause leurs libertés fondamentales.

Dans une telle société, le rôle des dirigeants politiques se limitera à poser les bonnes questions en les formulant de façon à créer les conditions de la décision la plus proche de l'unanimité, c'est-à-dire la plus fraternelle possible. Puis à être capables de l'appliquer. C'est-à-dire à être, comme tout bon chef indien, « faiseur de paix, bon orateur et généreux de ses biens ».

Fraternité géopolitique

Si l'on veut éviter que s'affrontent bientôt des milliers de quasi-États créés par la fragmentation identitaire, il faudra transformer les nations actuelles en cadres de coexistence de multiples tribus aux allégeances multiples et parfois contradictoires. Comme des demi-frères ou demi-sœurs doivent vivre à la fois ensemble et séparés dans des familles recomposées, des ensembles multidimensionnels devront exister à l'intérieur de nations aux contours de plus en plus flous, elles-mêmes parties d'entités continentales ouvertes.

Après la décolonisation, il faut en venir, par un devoir de fraternité géopolitique, à la *débarbarisation*, c'est-à-dire, par-delà le devoir d'ingérence, à celui d'intervenir contre ceux qui refusent l'exercice de la Fraternité.

Mais les utopies sont des mondes clos et, désormais, le seul monde clos envisageable, l'île ultime, c'est la planète entière dont nul n'est à même de s'échapper. Le marché l'a compris. Les tenants de l'Égalité le comprendront bientôt. Ceux de la Fraternité le savent depuis toujours.

Si l'on se prenait à rêver d'une *Constitution fraternelle de la planète* (et je suis sûr qu'on en débattra au milieu du siècle, quand toutes les contradictions entre Liberté et Égalité auront atteint leur paroxysme), on pourrait l'imaginer comme suit :

Un préambule regrouperait tous les droits et devoirs de Fraternité avec les actuels droits et devoirs de l'homme.

Un gouvernement mondial réduit au minimum serait nommé et contrôlé par l'Assemblée générale des Nations Unies et par une autre assemblée au sein de laquelle seraient représentées les organisations non gouvernementales, les instances scientifiques, les entreprises. Ce gouvernement remplacerait l'actuel Conseil de sécurité tout en reprenant ses compétences et celles du G7. Il disposerait du monopole de l'exercice de la violence et de la détention des armes, et ne pourrait les utiliser que pour faire respecter la Constitution planétaire. Il pourrait exclure temporairement du bénéfice des institutions financières internationales tout pays ayant violé le préambule de la Constitution planétaire.

Il s'appuierait sur plusieurs agences en charge des biens publics planétaires, et d'abord de la protection des espèces vivantes, du respect de la biodiversité et de la conservation des énergies non renouvables. Un Tribunal pénal international assurerait la compatibilité des jurisprudences élaborées dans chaque continent. Un système de police et de justice planétaires garantirait la parfaite équivalence des concepts de crimes et délits d'un pays à l'autre. Une instance universelle contrôlerait les monopoles. Une banque centrale planétaire gérerait la monnaie unique du monde. Une banque mondiale de développement financerait les grandes infrastructures planétaires. Un système fiscal planétaire, construit autour d'un impôt sur les transactions financières, permettrait d'assurer à chaque Terrien un revenu minimal mondial de formation versé par chaque gouvernement national, subventionné si nécessaire par l'échelon continental, du moins aussi longtemps qu'un tel revenu pourrait se révéler utile — avant que la finance et l'économie fraternelles aient éliminé la pauvreté — et aider chacun à créer les conditions de l'accomplissement de son propre modèle de réussite.

Quand Thomas More rêvait de faire élire les dirigeants d'*Utopia*, il devait se douter qu'il faudrait très longtemps avant qu'une telle perspective devienne réaliste. Et il fallut trois siècles pour y parvenir. Aujourd'hui, nous n'en sommes qu'à la préhistoire de la Fraternité, et il faut commencer par en inventer la pratique dans la modestie du quotidien et la démesure de l'idéal.

CHAPITRE VII

Just do it

« *Ô hommes libres ! pensez à nous qui n'y serons plus ; dites-vous que nous avons acheté bien cher le repos dont vous jouirez.* »

Les hommes sont-ils capables de laisser les autres être heureux ? Depuis toujours, ceux qui rêvent à des sociétés idéales se heurtent à cette question. Meh Ti, philosophe chinois qui vécut juste après Confucius, expliquait qu'aucune société idéale ne serait jamais possible tant que les hommes ne seraient pas capables d'obéir aux six principes suivants : non-violence, réciprocité, rigueur, maîtrise du désir, respect des anciens et soumission aux lois de la Providence.

S'il fallait réunir de telles conditions pour que commence la Fraternité, elle serait probablement à jamais impossible. Pourtant, elle est de l'intérêt de l'immense majorité de l'humanité. Et sans elle, c'est la survie du monde qui bientôt deviendra à coup sûr impossible : il explosera avant que ne débute le XXIIᵉ siècle !

Alors, que faire ? Préparer une révolution pour tenter de créer, par une dictature de transition, les conditions de la Fraternité ? Illusion : on ne peut contraindre personne à se montrer fraternel.

Espérer que l'exacerbation des contradictions au sein de la démocratie de marché fasse comprendre l'urgence et la nécessité de la Fraternité ? Tout espérer du pire, comme Marx attendait l'avènement du socialisme de l'épuisement du capitalisme ? Ce serait ne pas voir que si la Liberté va au bout d'elle-même, si on laisse les prêcheurs d'Éternité organiser toutes leurs dérives et ceux de l'Égalité instaurer leurs dictatures, il sera trop tard pour espérer en la Fraternité : l'homme aura disparu, il ne sera plus qu'un objet parmi d'autres.

Alors, que faire ?

La France et le devoir d'exemple

Au-delà du devoir d'ingérence, il y a le devoir d'exemple. Pour montrer que la Fraternité n'est pas une idée creuse, mais un formidable moyen de régler concrètement de très nombreux problèmes, de fournir un cadre à une société vivable pour tous, sans imposer l'uniformité, quelqu'un, quelque part, doit commencer.

Plus peut-être qu'aucun autre pays, la France est désignée pour le faire, parce que, plus qu'aucun autre, elle a organisé son Histoire autour de chacune des grandes utopies. Au point de les inscrire dans sa devise.

Fille aînée de l'Église et terre de multiples confréries, n'oubliant jamais son rêve d'Éternité, elle fut au XIXe siècle un des laboratoires des Libertés. Au XXe siècle, avec la Prusse puis la Grande-Bretagne, elle a inventé l'égalité des droits (à l'éducation, au travail, au temps libre), puis l'égalité devant les risques (la vieillesse, la maladie, le chômage). Et, enfin, l'égalité entre ceux qui croient en l'Éternité et ceux qui n'y croient pas.

Aujourd'hui, la politique française oscille encore, comme celle de toutes les démocraties, entre Liberté et Égalité. Elle est incapable de vouloir vraiment ni l'une ni l'autre.

Trop sédentaire pour promouvoir le nomadisme, la France est incapable d'assumer pleinement toutes les formes futures de la Liberté. Et la droite française, qui devrait en porter le projet, n'a même pas commencé à l'élaborer. Sans doute ne le fera-t-elle jamais, trop occupée qu'elle est à se dépêtrer des mythes qui la structurent pour oser penser l'avenir.

Trop individualiste pour vouloir tout ce que peut promettre la social-démocratie, en particulier en matière d'uniformité des niveaux de vie et de simplicité des modes de vie, la France n'ira pas non plus aussi loin que les pays scandinaves dans la direction de l'Égalité.

Aussi, entre l'un et l'autre, un compromis durable s'installe peu à peu, quel que soit le camp au pouvoir. Et les hommes politiques ne feront bientôt plus que l'entretenir, d'alternance en cohabitation. Le pays sera alors en pilotage automatique, effectuant tous les cinq ans un ravalement de ce compromis à l'occasion duquel la démocratie reculerait chaque fois davantage devant le marché, réduisant bientôt l'État à n'être plus que le spectateur résigné d'une mondialisation inexorable. Et les partis à ne rien faire d'autre que préparer l'alternance d'équipes de plus en plus interchangeables.

Pour éviter ce destin, la France n'a plus le choix qu'entre trois projets :

• Tenter de rester une puissance autonome sur le marché, dans l'utopie de la Liberté. Mais elle est sans doute trop petite pour y parvenir, et il est sans doute trop tard pour essayer ;

• Tout attendre d'une hypothétique construction européenne qui pourrait redonner un espace d'action au projet social-démocrate dans l'utopie de l'Égalité ; mais il est peut-être trop tard pour l'espérer ;

• Expérimenter la Fraternité. Dans l'intérêt propre du pays et pour avoir une fois de plus quelque chose à apporter au monde.

Espérer cela de la France d'aujourd'hui au moment où y règne, dans toutes les élites, un scepticisme de bon aloi devant tout ce qui n'est pas soumission révérencieuse au marché ou machinale psalmodiation de principes anachroniques de solidarité, est dans doute le plus utopique de tout ce que suggère ce livre.

Pourtant, justement à cause de cela, et pour démontrer concrètement que la Fraternité pourrait changer très rapidement la vie de beaucoup de gens, ici et maintenant, voici, à titre d'exemples et sans hiérarchie de priorités, dix mesures pour la Fraternité qu'un parti ou un gouvernement français pourrait reprendre immédiatement à son compte :

• Inscrire dans la loi la liste des droits et des devoirs de Fraternité (en particulier des droits de l'enfance et de l'hospitalité, tels que définis plus haut) avec les moyens de les faire respecter, comme la loi fait déjà obligation d'assistance à personne en danger par l'article 223-6 du Code pénal.

• Enseigner la Fraternité à l'école, en particulier apprendre aux enfants à trouver du plaisir au service des autres, à comprendre ce qui aiderait l'autre, à ne pas être en compétition permanente.

• Inciter les retraités à prendre en charge des travaux fraternels tels que : aider des enfants en difficulté à faire leurs devoirs ou assister des jeunes délinquants dans leur réinsertion. Ou remplir toute fonction dans une ONG d'entraide.

• Organiser le crédit de fraternité pour permettre aux chômeurs de créer leurs propres emplois sans avoir à fournir de garantie aux organismes prêteurs. Pour cela, permettre aux organisations d'assistance aux chômeurs de prêter des ressources empruntées sur le marché sans avoir besoin pour autant de prendre le statut de banque, en modifiant l'article 11 de la loi bancaire.

• Fournir à tout chômeur une formation rémunérée comme un travail socialement utile, en abolissant ainsi le statut de chômeur et en utilisant pour la financer les allocations chômage, devenues inutiles.

• Favoriser fiscalement les activités fraternelles : la constitution d'associations, de réseaux et de tribus réels ou virtuels, en particulier dans les activités d'éducation et de prévention.

• Promouvoir le remplacement progressif d'une partie des services administratifs d'assistance sociale par des organisations rendant des services fraternels. Non pour remplacer la solidarité par la charité, mais pour créer de nouveaux services que la solidarité ne saurait remplir.

• Organiser des espaces urbains et des Bourses virtuelles de Fraternité pour que s'y rencontrent ceux qui ont envie de faire preuve de Fraternité et ceux qui peuvent offrir des occasions de se rendre utile.

• Libéraliser l'adoption tant pour ceux qui désirent adopter (homosexuels, couples multiples, frères et sœurs aînés), que pour ceux qui pourraient l'être (pas seulement des enfants, mais des grands-parents, des frères et sœurs cadets).

• Autoriser l'union entre des personnes quels que soient leur sexe et leur nombre pour leur permettre d'unir leurs solitudes, de trouver plaisir à s'aider et à aider les autres ensemble.

Des partis politiques traditionnels pourraient s'emparer d'un tel programme s'ils comprenaient qu'il règle à la fois le problème du chômage et celui de la solitude en réorientant l'activité économique vers l'usage créatif des réseaux et vers les services d'hospitalité. En particulier, il n'y a rien là qui ne soit contraire à ce qu'un parti social-démocrate pourrait prendre à son compte, à condition de voir très loin en termes d'évolution des mœurs.

D'autres partis pourraient aussi se créer spécifiquement autour de l'idée de Fraternité. Pour mettre en accord leurs actes et leurs programmes, les uns et les autres devraient ne pas se contenter d'en faire une liste de mesures pour gagner des élections, mais s'en servir pour donner l'exemple d'une nouvelle façon de faire de la politique : pour se mettre au service des autres, pour ne pas laisser aux sectes et aux mouvements religieux le monopole de l'action fraternelle. Ce qui supposerait de demander à leurs adhérents de montrer l'exemple et de participer à des services fraternels, soit que les partis en organisent, soit qu'ils incitent leurs membres à participer à des actions de ce genre au sein d'autres associations à but non lucratif.

En prêchant ainsi par l'exemple, la France pourrait recouvrer un rôle de modèle, une mission dans l'Histoire que presque aucun autre pays ne pourrait remplir à sa place.

Sans retour

Ailleurs et au-delà, il faut se lancer, par morale personnelle et par amour de l'humanité ; rendre concrète la notion de Fraternité, faire l'expérience de la nécessité de l'autre sans attendre une action politique globale, sans espérer qu'un pays ou un autre ouvre la voie. Sans attendre que le nécessaire devienne possible. Sans escompter recevoir, sans parier sur sa réciprocité, pratiquer soi-même la Fraternité. Autrement dit : *donner sans espoir de retour*. Prendre plaisir à faire plaisir. Trouver de l'intérêt à l'autre. Sourire à l'inconnu dans la rue. Aider sans attendre un merci. Faire rire les enfants, leur raconter des histoires. Recevoir les amis de ses amis. Se comporter avec les faibles comme leur grand frère ou leur grande sœur. Être curieux de l'étranger. Respecter le désir de l'autre d'être seul. Se préparer à son ingratitude. Savoir qu'il n'est de pire ennemi que l'obligé qui s'empresse de se brouiller avec celui qui l'a aidé pour se prouver à lui-même que l'autre n'y a été pour rien. Considérer, tout simplement, que c'est un privilège que d'être en situation de pouvoir se rendre utile.

Il n'y a pas de Fraternité sans lucidité tranquille, sans force d'âme. Au début, cela écarte du chemin des autres. C'est normal : tout rêveur se tient à l'écart. Jusqu'à ce qu'il entraîne les autres à rêver à leur tour.

À vous

Maintenant, c'est à vous.

À vous de prouver que vous pouvez sourire au sourire de l'autre et ne pas vous résigner à la tristesse du monde, que le bonheur ne se résume pas au fait de se réjouir d'avoir échappé aux infortunes d'autrui.

À vous de réaliser que la perfection n'est que légèrement plus difficile à atteindre que la médiocrité.

À vous de ressentir qu'il existe certainement quelque part au moins une personne dont le but, dans la vie, est de vous rendre heureux. Ne la cherchez pas : elle vous trouvera.

À vous d'apprendre à traiter chaque être humain comme s'il était le Dieu dont dépend votre salut.

À vous de comprendre que la Fraternité n'est pas un rêve naïf, ni un discours de secte, mais la seule voie réaliste de survie de l'espèce à laquelle vous appartenez.

Imaginez, rêvez, prenez des risques. Transformez la Fraternité en pratique. Sans l'attendre des autres.

Donnez-vous l'occasion, au moins une fois par jour, de susciter un sourire, d'accueillir, d'être anonymement généreux, sans esprit de retour.

Ne serait-ce que pour vous convaincre qu'il reste en vous une étincelle d'humanité.

Bibliographie

ASIMOV, Isaac, *Fondation*, Denoël, coll. « Présence du futur », 1999.

BACON, Francis, *La Nouvelle Atlantide*, Payot, coll. « Bibliothèque scientifique », 1983.

BALLARD, James Graham, *I.G.H.*, Calmann-Lévy, 1976.

BOURDIEU, Pierre, « Le néolibéralisme, utopie (en voie de réalisation) d'une exploitation sans limites », in *Contre-feux*, Liber-Raisons d'agir, 1998.

BOYER, Frédéric, *Comme des frères*, Calmann-Lévy, coll. « Petite bibliothèque des idées », 1998.

BRADBURY, Ray, *Chroniques martiennes*, Denoël, coll. « Présence du futur », 1997.

BURTON, Robert, *The Anatomy of melancholy*, Dutton, 1964.

CABET, Étienne, *Voyage en Icarie*, Slatkine, 1970.

CYRANO DE BERGERAC, Savinien de, *Œuvres complètes*, Belin, 1977.

DICK, Philip Kindred, *Blade Runner*, J'ai lu, 1990.

ELIADE, Mircea, « Paradis et utopie. Géographie mythique et eschatologie », in *Eranos Jahrbuch*, XXXII, pp. 211-239, 1963.

—, « The quest of the origins of religion », *History of Religions*, vol. IV.

EGAN, Greg, *La Cité des permutants*, Laffont, 1996.

FOURIER, Charles, *Œuvres complètes*, Slatkine, 1971.

Autogestion et socialisme, cahier 20-21, sept.-déc. 1972, consacré à Charles Fourier.

FURET, François et OZOUF, Mona, *Dictionnaire critique de la Révolution française*, Flammarion, 1988.

GROTIUS, *De la liberté des mers*, Presses universitaires de Caen, 1990.

HEINLEIN, Robert Anson, *En Terre étrangère*, Laffont, 1970.

HOUDOY, Hubert, Colloque consacré à l'utopie, Université coopérative du Roannais, mai 1996.

HUXLEY, Aldous, *Le Meilleur des mondes*, Pocket, 1994.

KANT, Emmanuel, *Projet de paix perpétuelle*, Vrin, 1992.

LAPOUGE, Gilles, *Utopie et civilisations*, Albin Michel, coll. « Bibliothèque des idées », 1991.

MANDEVILLE, Bernard, *La Fable des abeilles*, deuxième partie, Vrin, 1991.

MANNHEIM, Karl, *Idéologie et utopie*, Librairie Marcel Rivière et Cie, 1956.

MARX, Karl, et ENGELS, Friedrich, *Manifeste du parti communiste*, Aubier, 1971.

—, *Utopisme et communautés de l'avenir*, La Découverte, 1976.

MONTESQUIEU, Charles-Louis Secondat de, « Histoire des Troglodytes », in *Lettres persanes*, Droz, 1932.

MORE, Thomas, *L'Utopie ou le Traité de la meilleure forme de gouvernement*, Droz, 1983.

MORELLY, *Code de la nature*, Éd. Sociales, 1953.

MORIS, William, *Nouvelles de nulle part*, Aubier-Montaigne, 1957.

MUMFORD, Lewis, *The Story of Utopia*, 1922, réédité par the Viking Press, 1962.

ORWELL, Georges, *1984*, Secker et Warburg, 1965.

OWEN, Robert, *The Book of the New Moral World*, 1836.

PLATON, *La République*, Gallimard, coll. « Tel », 1992.

POLANYI, Karl, *La Grande Transformation. Aux origines politiques et économiques de notre temps*, Gallimard, 1984.

RAWLS, John, « Justice as Fairness », in *Philosophical Review*, New-York, n° 67, avril 1958.

—, *Théorie de la justice*, Seuil, 1987.

—, *Libéralisme politique*, PUF, 1995.

RESTIF DE LA BRETONNE, Nicolas Edme, *La Découverte australe par un homme volant ou le Dédale français*, Adel, 1977.

SAINT-AUGUSTIN, *La Cité de Dieu*, « Bibliothèque augustinienne », *Œuvres complètes*, notamment Lib. XI-XXII : « Les deux Cités », Desclée de Brouwer, 1959.

SAINT-SIMON, Claude-Henri de, *La physiologie sociale, Œuvres choisies*, introduction et notes de Georges Gurvitch, PUF, 1965.

SERVIER, Jean, *L'Utopie*, PUF, 1993.

STEPHENSON, Neal, *Le Samouraï virtuel*, Laffont, 1996.

—, *L'Âge du diamant*, Rivages, 1996.

SWIFT, Jonathan, *Œuvres complètes*, Gallimard, « Pléiade », 1988.

VERNE, Jules, *Paris au XXᵉ siècle*, Hachette-Jeunesse, 1998.

Autres références

La Grenouille. Site internet consacré à l'utopie.

Le Monde diplomatique, mai 1998. Articles de Jean-Pierre GROSS et de Serge HALIMI.

Table des matières

TABLE DES MATIÈRES

Cet ouvrage a été composé par PARIS PHOTOCOMPOSITION
36, avenue des Ternes
75017 PARIS
et achevé d'imprimer en octobre 1999
sur presse Cameron,
par **Bussière Camedan Imprimeries**
à Saint-Amand-Montrond (Cher)
pour le compte de la librairie Arthème Fayard
75, rue des Saints-Pères – 75006 Paris

35-10-0630-01/0

Dépôt légal : octobre 1999.
N° d'Édition : 8336. – N° d'Impression : 994346/4.
Imprimé en France
ISBN 2-213-60430-4